Bucătăria Chineză
Arome Măiestrit Împletite

Li Wei

Conţinut

Introducere 10
   Creveți cu sos de litchi 11
   Creveți prăjiți cu mandarine 13
   Creveți cu mangetout 14
   Creveți cu ciuperci chinezești 16
   Prăjiți creveții și mazărea 17
   Creveți cu chutney de mango 19
   Creveți Peking 21
   Creveți cu ardei 22
   Creveți prăjiți cu carne de porc 23
   Creveți prăjiți cu sos de sherry 24
   Creveți prăjiți cu susan 26
   Creveți prăjiți cu smântână 27
   Creveti prajiti 28
   Creveți Tempura 29
   Obosi 29
   Creveți cu tofu 30
   Creveți cu roșii 32
   Creveți cu sos de roșii 32
   Creveți cu sos de roșii și chili 33
   Creveți prăjiți cu sos de roșii 34
   Creveți cu legume 36
   Creveți cu castane de apă 37
   wonton de creveți 38
   Abalone cu pui 39
   Abalone cu sparanghel 40
   Abalone cu ciuperci 41
   Abalone cu sos de stridii 42
   scoici aburite 43
   Cutii cu muguri de fasole 44
   Cutii cu ghimbir si usturoi 45
   Scoici prăjite 46

prăjituri de crab 47
budincă de crab 48
Carne de crab din frunze chinezești 49
Crab Foo Yung cu muguri de fasole 50
Crab cu ghimbir 51
Crab Lo Mein 52
Crab prajit cu carne de porc 54
Carne de crab prăjită 55
bile de calmar prajit 56
homar cantonez 57
homar prajit 58
Homar la abur cu șuncă 59
Homar cu ciuperci 60
Coada homarului cu carne de porc 61
Homar prajit 62
cuiburi de homar 63
Midiile in sos de fasole neagra 64
Midii cu ghimbir 66
midii la abur 68
stridii prăjite 69
Stridii cu bacon 70
Stridii prăjite cu ghimbir 71
Stridii cu sos de fasole neagră 72
Scoici cu muguri de bambus 73
Scoici cu ouă 74
Scoici cu broccoli 75
Scoici cu ghimbir 77
Scoici cu șuncă 78
Ouă omletă cu scoici și ierburi 79
Midii și ceapă prăjite 80
Scoici cu legume 81
Scoici cu boia 82
Calamar cu muguri de fasole 83
calamar prajit 85
pachete de calmar 86
rulada de calmar prajit 88

Icre prăjite	*89*
Calamar cu ciuperci uscate	*90*
Calamar cu legume	*91*
Carne de vită înăbușită cu anason	*92*
Vițel cu sparanghel	*93*
Carne de vită cu muguri de bambus	*94*
Carne de vită cu muguri de bambus și ciuperci	*95*
Carne de vită înăbușită chinezească	*96*
Carne de vită cu muguri de fasole	*97*
Carne de vită cu broccoli	*98*
Carne de vita cu seminte de susan si broccoli	*99*
Carne la gratar	*101*
Carne cantoneză	*102*
Vitel cu morcovi	*103*
Carne de vită cu caju	*104*
Caserolă cu carne de vită la fierbere lentă	*105*
Carne de vită cu conopidă	*106*
Vițel cu țelină	*107*
Roast beef felii cu telina	*108*
Carne de vită feliată cu pui și țelină	*109*
Carne de vită cu chili	*110*
Varză chinezească de vită	*112*
Friptură de vită Suey	*113*
Vițel cu castraveți	*114*
Chow Mein de vită	*115*
file de castravete	*117*
Roast beef curry	*118*
Pui cu muguri de bambus	*120*
șuncă aburită	*121*
Bacon cu varza	*122*
Pui cu migdale	*123*
Pui cu migdale si castane de apa	*125*
Pui cu migdale si legume	*126*
pui cu anason	*128*
Pui cu caise	*129*
Pui cu sparanghel	*130*

Pui cu vinete 131
Pui Rulate cu Bacon 132
Pui cu muguri de fasole 133
Pui cu sos de fasole neagra 134
Pui cu broccoli 135
Pui cu varza si alune 136
Pui Caju 137
Pui cu castane 139
Pui picant 140
Pui prajit cu chili 142
Chicken Suey 144
mein de pui 146
Pui crocant condimentat 148
Pui prajit cu castraveti 150
curry de pui cu ardei iute 152
curry chinezesc de pui 153
curry rapid de pui 154
Pui curry cu cartofi 155
pulpe de pui prajite 156
Pui prajit cu sos de curry 157
pui beat 158
Pui sarat cu oua 160
rulou de ou 162
Pui la abur cu ou 164
Pui din Orientul Îndepărtat 166
Pui Foo Yung 167
Şuncă şi pui Foo Yung 168
Pui prajit cu ghimbir 169
pui cu ghimbir 170
Pui cu ghimbir cu ciuperci si castane 171
pui auriu 172
Tocană de pui marinată Dorado 173
Monezi de aur 175
Pui la abur cu sunca 176
Pui cu sos Hoisin 177
pui cu miere 179

Pui "Kung Pao" 180
Praz de pui 181
Pui cu lamaie 182
Se prăjește puiul cu lămâie 184
Ficat de pui cu muguri de bambus 186
ficat de pui prajit 187
Ficat de pui cu mangetout 188
Paste din ficat de pui cu clătite 189
Ficat de pui cu sos de stridii 190
Ficat de pui cu ananas 191
Ficat de pui dulce-acru 192
Pui cu litchi 193
Pui cu sos de litchi 194
Pui cu mangetout 196
Pui cu mango 197
Pepene galben umplut cu pui 199
Pui prajit si ciuperci 200
Pui cu ciuperci si alune 201
Pui prajit cu ciuperci 203
Pui la abur cu ciuperci 205
Pui cu ceapa 206
Pui cu portocale si lamaie 207
Pui cu sos de stridii 208
pachete cu pui 209
Pui cu alune 210
Pui cu unt de arahide 211
Pui cu mazăre 213
pui la Peking 214
Pui cu boia 215
Pui prajit cu ardei 217

Introducere

Tuturor celor cărora le place să gătească le place să încerce noi feluri de mâncare și noi experiențe gustative. Bucătăria chinezească a devenit extrem de populară în ultimii ani, deoarece oferă o varietate de arome. Cele mai multe mâncăruri sunt pregătite pe aragaz și multe sunt rapid de pregătit, făcându-le ideale pentru bucătarii ocupați care doresc să creeze mese delicioase și tentante atunci când timpul este strâns. Dacă vă place foarte mult bucătăria chinezească, probabil că aveți deja un wok și este instrumentul perfect pentru a pregăti majoritatea preparatelor din această carte. Dacă încă nu ești convins că acest stil de gătit este pentru tine, folosește o tigaie sau o tigaie bună pentru a încerca rețetele. Odată ce îți dai seama cât de ușor este de făcut și cât de delicios este să mănânci, cu siguranță ar trebui să investești într-un wok în bucătărie.

Creveți cu sos de litchi

pentru 4 persoane

50 g / 2 oz / ¬Ω o ceașcă (toate scopuri)

Făină

2,5 ml / ¬Ω linguriță de sare

1 ou, batut usor

30 ml / 2 linguri de apă

450 g / 1 lb creveți cu coajă

ulei pentru prajit

30 ml / 2 linguri ulei de arahide

2 felii de rădăcină de ghimbir, tocate

30 ml / 2 linguri de otet de vin

5 ml/1 lingurita de zahar

2,5 ml / ¬Ω linguriță de sare

15 ml/1 lingura sos de soia

200 g / 7 oz lychees conservate, scurse

Se amestecă făina, sarea, oul și apa până devine spumoasă, dacă este necesar, se mai adaugă puțină apă. Aruncați creveții până când sunt bine acoperiți. Se incinge uleiul si se prajesc crevetii cateva minute pana devin crocante si aurii. Se scurge pe hartie de bucatarie si se aseaza pe o plita incinsa. Între timp, încălziți uleiul și prăjiți ghimbirul timp de 1 minut. Se adauga otetul de vin, zaharul, sarea si sosul de soia. Adăugați litchiul și amestecați până se încălzesc și sunt acoperiți cu sos. Se toarnă peste creveți și se servește imediat.

Creveți prăjiți cu mandarine

pentru 4 persoane

60 ml / 4 linguri ulei de arahide
1 catel de usturoi zdrobit
1 felie radacina de ghimbir, tocata
450 g / 1 lb creveți cu coajă
30 ml / 2 linguri vin de orez sau sherry uscat 30 ml / 2 linguri sos de soia
15 ml / 1 lingură făină de porumb (amidon de porumb)
45 ml / 3 linguri de apă

Încinge uleiul și prăjește usturoiul și ghimbirul până se rumenesc ușor. Adăugați creveții și prăjiți timp de 1 minut. Adăugați vinul sau sherry și amestecați bine. Adăugați sosul de soia, amidonul de porumb și apa și prăjiți timp de 2 minute.

Creveți cu mangetout

pentru 4 persoane

5 ciuperci chinezești uscate

225 g / 8 oz fasole

60 ml / 4 linguri ulei de arahide

5 ml/1 lingurita de sare

2 tulpini de telina, tocate

4 ceapa primavara (ceapa), tocata marunt

2 catei de usturoi, tocati marunt

2 felii de rădăcină de ghimbir, tocate

60 ml / 4 linguri de apă

15 ml/1 lingura sos de soia

15 ml/1 lingura de vin de orez sau sherry uscat

225 g/8 oz mazăre snap

225 g / 8 oz creveți în coajă

15 ml / 1 lingură făină de porumb (amidon de porumb)

Înmuiați ciupercile în apă caldă timp de 30 de minute, apoi filtrați. Aruncați tulpinile și tăiați vârfurile. Se fierbe fasolea în apă clocotită timp de 5 minute, apoi se scurge bine. Se încălzește jumătate din ulei și se prăjește în sare, țelină, ceapă primăvară și muguri de fasole timp de 1 minut, apoi se scot din tigaie. Se încălzește uleiul rămas și se prăjește usturoiul și ghimbirul până se rumenesc ușor. Adaugati jumatate din apa, sosul de soia, vinul sau sherry, mazarea cu zahar si crevetii, aduceti la fiert si fierbeti timp de 3 minute. Se amestecă făina de porumb și apa rămasă până devine o pastă, se adaugă în tigaie și se fierbe, amestecând, până se îngroașă sosul. Întoarceți legumele în tigaie și fierbeți până se încălzesc. Serviți deodată.

Creveți cu ciuperci chinezești

pentru 4 persoane

8 ciuperci chinezești uscate

45 ml / 3 linguri ulei de arahide (ulei de arahide)

3 felii de rădăcină de ghimbir, tocate

450 g / 1 lb creveți cu coajă

15 ml/1 lingura sos de soia

5 ml/1 lingurita de sare

60 ml / 4 linguri suc de peste

Înmuiați ciupercile în apă caldă timp de 30 de minute, apoi filtrați. Aruncați tulpinile și tăiați vârfurile. Se încălzește jumătate din ulei și se prăjește ghimbirul până devine ușor auriu. Se adauga crevetii, sosul de soia si sarea si se prajesc in ulei, apoi se scot din tigaie. Încinge uleiul rămas și prăjește ciupercile până când uleiul le acoperă. Adăugați supa, aduceți la fierbere, acoperiți și fierbeți timp de 3 minute. Întoarceți creveții în tigaie și amestecați până se încălzesc.

Prăjiți creveții și mazărea

pentru 4 persoane

450 g / 1 lb creveți cu coajă
5 ml/1 lingurita ulei de susan
5 ml/1 lingurita de sare
30 ml / 2 linguri ulei de arahide
1 catel de usturoi zdrobit
1 felie radacina de ghimbir, tocata
225 g mazare congelata sau albita, dezghetata
4 ceapa primavara (ceapa), tocata marunt
30 ml / 2 linguri de apă
sare piper

Amestecați creveții cu ulei de susan și sare. Încinge uleiul și prăjește usturoiul și ghimbirul timp de 1 minut. Adăugați creveții și prăjiți timp de 2 minute. Adăugați mazărea și prăjiți timp de 1 minut. Adaugati ceapa si apa si asezonati cu sare, piper si putin ulei de susan daca este nevoie. Amestecați bine înainte de servire.

Creveți cu chutney de mango

pentru 4 persoane

12 creveți

sare piper

Suc de 1 lămâie

30 ml / 2 linguri faina de porumb (amidon de porumb)

1 mango

5 ml/1 linguriță de pudră de muștar

5 ml/1 lingurita de miere

30 ml/2 linguri de crema de cocos

30 ml / 2 linguri pudră de curry blândă

120 ml / 4 fl oz / ¬Ω cană de supă de pui

45 ml / 3 linguri ulei de arahide (ulei de arahide)

2 catei de usturoi, tocati marunt

2 cepe primare (ceapa), tocate marunt

1 ceapă de fenicul, tocată

100 g / 4 oz chutney de mango

Curățați creveții, lăsând cozile intacte. Stropiți cu sare, piper și suc de lămâie, apoi acoperiți cu jumătate din mălai. Curățați mango, tăiați pulpa din miez, apoi tocați pulpa. Amestecați muștarul, mierea, crema de cocos, pudra de curry, amidonul de porumb rămas și supa. Se încălzește jumătate din ulei și se prăjește în el usturoiul, ceapa primăvară și feniculul timp de 2 minute. Adăugați amestecul de stoc, aduceți la fierbere și fierbeți timp de 1 minut. Adăugați cuburile de mango și sosul iute și încălziți ușor, apoi puneți pe o farfurie caldă. Încinge uleiul rămas și prăjește creveții timp de 2 minute. Așezați-le deasupra legumelor și serviți-le deodată.

Creveți Peking

pentru 4 persoane

30 ml / 2 linguri ulei de arahide

2 catei de usturoi, tocati marunt

1 felie radacina de ghimbir, tocata marunt

225 g / 8 oz creveți în coajă

4 cepe primare (ceapa), taiate felii groase

120 ml / 4 fl oz / ¬Ω cană de supă de pui

5 ml/1 lingurita de zahar brun

5 ml/1 lingurita sos de soia

5 ml/1 lingurita am pastrat sosul

5 ml / 1 lingurita sos Tabasco

Se încălzește uleiul cu usturoiul și ghimbirul și se prăjește până când usturoiul devine ușor auriu. Adăugați creveții și prăjiți timp de 1 minut. Adăugați ceapa și prăjiți timp de 1 minut. Adăugați celelalte ingrediente, aduceți la fierbere, acoperiți și fierbeți timp de 4 minute, amestecând din când în când. Verificați condimentele și mai adăugați puțin sos Tabasco dacă este necesar.

Creveți cu ardei

pentru 4 persoane

30 ml / 2 linguri ulei de arahide

1 ardei verde taiat bucati

450 g / 1 lb creveți cu coajă

10 ml / 2 linguri faina de porumb (amidon de porumb)

60 ml / 4 linguri de apă

5 ml / 1 linguriță vin de orez sau sherry uscat

2,5 ml / ¬Ω linguriță de sare

45 ml / 2 linguri pasta de tomate (paste)

Se încălzește uleiul și se prăjește ardeiul timp de 2 minute. Adăugați creveții și pasta de roșii și amestecați bine. Făina de porumb se amestecă cu apă, vin sau sherry și sare până devine o pastă, se adaugă în tigaie și se fierbe, amestecând, până când sosul se limpezește și se îngroașă.

Creveți prăjiți cu carne de porc

pentru 4 persoane

225 g / 8 oz creveți în coajă
100 g / 4 oz carne de porc slabă, tăiată cubulețe
60 ml / 4 linguri vin de orez sau sherry uscat
1 albus de ou
45 ml / 3 linguri faina de porumb (amidon de porumb)
5 ml/1 lingurita de sare
15 ml / 1 lingura de apa (optional)
90 ml / 6 linguri ulei de arahide (ulei de arahide)
45 ml / 3 linguri suc de peste
5 ml/1 lingurita ulei de susan

Puneți creveții și carnea de porc pe farfurii separate. Amestecați 45 ml / 3 linguri de vin sau sherry, albuș de ou, 30 ml / 2 linguri de făină de porumb și sare într-un aluat liber, adăugând apă dacă este necesar. Împărțiți amestecul între carnea de porc și creveți și amestecați uniform. Încinge uleiul și prăjește carnea de porc și creveții până se rumenesc în câteva minute. Scoateți din tigaie și turnați uleiul, cu excepția 15 ml/1 lingură. Adăugați bulionul în tigaie împreună cu vinul sau sherry rămas și făina de porumb. Se aduce la fierbere și se fierbe, amestecând, până se îngroașă sosul. Se toarnă peste creveți și carnea de porc și se servește stropite cu ulei de susan.

Creveți prăjiți cu sos de sherry

pentru 4 persoane

50 g / 2 oz / ¬Ω cană făină universală

2,5 ml / ¬Ω linguriță de sare

1 ou, batut usor

30 ml / 2 linguri de apă

450 g / 1 lb creveți cu coajă

ulei pentru prajit

15 ml/1 lingura ulei de arahide

1 ceapa tocata marunt

45 ml / 3 linguri vin de orez sau sherry uscat

15 ml/1 lingura sos de soia

120 ml / 4 fl oz / ¬Ω cană de suc de pește

10 ml / 2 linguri faina de porumb (amidon de porumb)

30 ml / 2 linguri de apă

Se amestecă făina, sarea, oul și apa până devine spumoasă, dacă este necesar, se mai adaugă puțină apă. Aruncați creveții până când sunt bine acoperiți. Se incinge uleiul si se prajesc crevetii cateva minute pana devin crocante si aurii. Se scurge pe hartie de bucatarie si se aseaza pe o plita incinsa. În același timp, încălziți uleiul și prăjiți ceapa până se înmoaie. Adăugați vinul sau sherry, sosul de soia și bulionul, aduceți la fiert și fierbeți timp de 4 minute. Amestecați făina de porumb și apa până la o pastă, adăugați-o în tigaie și fierbeți, amestecând, până când sosul devine transparent și gros. Se toarnă sosul peste creveți și se servește.

Creveți prăjiți cu susan

pentru 4 persoane

450 g / 1 lb creveți cu coajă
½ albuș de ou
5 ml/1 lingurita sos de soia
5 ml/1 lingurita ulei de susan
50 g / 2 oz / ½ cană făină de porumb (maizena)
sare si piper alb proaspat macinat
ulei pentru prajit
60 ml / 4 linguri seminte de susan
Frunze de salată

Amestecați creveții cu albușul de ou, sosul de soia, uleiul de susan, amidonul de porumb, sare și piper. Adăugați puțină apă dacă amestecul este prea gros. Se incinge uleiul si se prajesc crevetii cateva minute pana se rumenesc usor. Între timp, prăjiți semințele de susan într-o tigaie uscată până se rumenesc. Scurgeți creveții și amestecați cu semințele de susan. Serviți pe un pat de salată.

Creveți prăjiți cu smântână

pentru 4 persoane

60 ml / 4 linguri ulei de arahide

750 g / 1¬Ω lb creveți fără coajă

3 ceapa primavara (ceapa), tocata marunt

3 felii de rădăcină de ghimbir, tocate

2,5 ml / ¬Ω linguriță de sare

15 ml/1 lingura de vin de orez sau sherry uscat

120 ml / 4 fl oz / ¬Ω cană sos de roșii (ketchup)

15 ml/1 lingura sos de soia

15 ml/1 lingura de zahar

15 ml / 1 lingură făină de porumb (amidon de porumb)

60 ml / 4 linguri de apă

Încinge uleiul și prăjește creveții timp de 1 minut dacă sunt fierți sau până când sunt roz dacă sunt cruzi. Adăugați ceapa primăvară, ghimbirul, sarea și vinul sau sherry și prăjiți timp de 1 minut. Se adauga sosul de rosii, sosul de soia si zaharul si se prajesc 1 minut. Combinați făina de porumb și apa, amestecați în tigaie și amestecați până când sosul este limpede și se îngroașă.

Creveti prajiti

pentru 4 persoane

75 g / 3 oz / ¬° ceașcă grămadă făină de porumb (amidon de porumb)

1 albus de ou

5 ml / 1 linguriță vin de orez sau sherry uscat

sare

350 g / 12 oz creveți în coajă

ulei pentru prajit

Bateți făina de porumb, albușurile, vinul sau sherry și un praf de sare până se formează vârfuri tari. Înmuiați creveții în aluat până când sunt bine acoperiți. Încinge uleiul la foc moderat și prăjește creveții până se rumenesc în câteva minute. Scoateți din ulei, reîncălziți și prăjiți creveții până devin crocanți și aurii.

Creveți Tempura

pentru 4 persoane

450 g / 1 lb creveți cu coajă
30 ml / 2 linguri de făină universală
30 ml / 2 linguri faina de porumb (amidon de porumb)
30 ml / 2 linguri de apă
2 oua batute
ulei pentru prajit

Tăiați creveții în centrul arcului interior și întindeți-i pentru a forma un fluture. Amestecați făina, amidonul de porumb și apa într-un aluat, apoi adăugați ouăle. Încinge uleiul și prăjește creveții până se rumenesc.

Obosi

pentru 4 persoane

30 ml / 2 linguri ulei de arahide
2 cepe primare (ceapa), tocate marunt
1 catel de usturoi zdrobit
1 felie radacina de ghimbir, tocata
100 g piept de pui taiat fasii
100 g / 4 oz șuncă, tăiată fâșii

100 g muguri de bambus, tăiați în fâșii
100 g de castane de apă, tăiate fâșii
225 g / 8 oz creveți în coajă
30 ml/2 linguri de sos de soia
30 ml / 2 linguri vin de orez sau sherry uscat
5 ml/1 lingurita de sare
5 ml/1 lingurita de zahar
5 ml / 1 lingurita faina de porumb (amidon de porumb)

Se încălzește uleiul și se prăjește ceapa, usturoiul și ghimbirul până se rumenesc deschis. Adăugați puiul și prăjiți timp de 1 minut. Adăugați șunca, lăstarii de bambus și castanele de apă și prăjiți timp de 3 minute. Adăugați creveții și prăjiți timp de 1 minut. Adăugați sos de soia, vin sau sherry, sare și zahăr și căliți timp de 2 minute. Se amestecă făina de porumb cu puțină apă, se amestecă în tigaie și se fierbe, amestecând, timp de 2 minute.

Creveți cu tofu

pentru 4 persoane

45 ml / 3 linguri ulei de arahide (ulei de arahide)

225 g / 8 oz tofu, tăiat cubulețe

1 ceapă primăvară (ceapă), tocată mărunt

1 catel de usturoi zdrobit

15 ml/1 lingura sos de soia

5 ml/1 lingurita de zahar

90 ml / 6 linguri suc de peste

225 g / 8 oz creveți în coajă

15 ml / 1 lingură făină de porumb (amidon de porumb)

45 ml / 3 linguri de apă

Se încălzește jumătate din ulei și se prăjește tofu până se rumenește ușor, apoi se scoate din tigaie. Se încălzește uleiul rămas și se prăjește ceapa și usturoiul până se rumenesc ușor. Adăugați sosul de soia, zahărul și bulionul și aduceți la fiert. Adăugați creveții și amestecați la foc mic timp de 3 minute. Amestecați făina de porumb și apa până devine o pastă, adăugați-o în tigaie și fierbeți, amestecând, până se îngroașă sosul. Întoarceți tofu-ul în tigaie și fierbeți până se încălzește.

Creveți cu roșii

pentru 4 persoane

2 albusuri

30 ml / 2 linguri faina de porumb (amidon de porumb)

5 ml/1 lingurita de sare

450 g / 1 lb creveți cu coajă

ulei pentru prajit

30 ml / 2 linguri vin de orez sau sherry uscat

225 g rosii, curatate de coaja, fara miez si tocate

Se amestecă albușurile, amidonul de porumb și sarea. Adăugați creveții până când sunt bine acoperiți. Se incinge uleiul si se prajesc crevetii pana se inmoaie. Se toarnă 15 ml/1 lingură ulei și se încălzește. Adăugați vinul sau sherry și roșiile și aduceți la fiert. Înainte de servire, adăugați creveții și reîncălziți rapid.

Creveți cu sos de roșii

pentru 4 persoane

30 ml / 2 linguri ulei de arahide

1 catel de usturoi zdrobit

2 felii de rădăcină de ghimbir, tocate

2,5 ml / ¬Ω linguriță de sare

15 ml/1 lingura de vin de orez sau sherry uscat
15 ml/1 lingura sos de soia
6 ml / 4 linguri sos de rosii (ketchup)
120 ml / 4 fl oz / ¬Ω cană de suc de pește
350 g / 12 oz creveți în coajă
10 ml / 2 linguri faina de porumb (amidon de porumb)
30 ml / 2 linguri de apă

Încinge uleiul și prăjește usturoiul, ghimbirul și sarea timp de 2 minute. Adăugați vinul sau sherry, sosul de soia, sosul de roșii și supa și aduceți la fierbere. Adăugați creveții, acoperiți și gătiți la foc mic timp de 2 minute. Amestecați făina de porumb și apa până devine o pastă, adăugați-o în tigaie și fierbeți, amestecând, până când sosul se limpezește și se îngroașă.

Creveți cu sos de roșii și chili

pentru 4 persoane

60 ml / 4 linguri ulei de arahide
15 ml/1 lingura de ghimbir tocat marunt
15 ml/1 lingura de usturoi tocat

15 ml / 1 lingura arpagic tocat

60 ml / 4 linguri pasta de tomate (paste)

15 ml/1 lingura sos chili

450 g / 1 lb creveți cu coajă

15 ml / 1 lingură făină de porumb (amidon de porumb)

15 ml/1 lingura de apa

Încinge uleiul și prăjește în el ghimbirul, usturoiul și ceapa primăvară timp de 1 minut. Adăugați pasta de roșii și sosul chili și amestecați bine. Adăugați creveții și prăjiți timp de 2 minute. Se amestecă făina de porumb și apa până la o pastă, se adaugă în tigaie și se fierbe până când sosul se îngroașă. Serviți deodată.

Creveți prăjiți cu sos de roșii

pentru 4 persoane

50 g / 2 oz / ¬Ω cană făină universală

2,5 ml / ¬Ω linguriță de sare

1 ou, batut usor

30 ml / 2 linguri de apă
450 g / 1 lb creveți cu coajă
ulei pentru prajit
30 ml / 2 linguri ulei de arahide
1 ceapa tocata marunt
2 felii de rădăcină de ghimbir, tocate
75 ml / 5 linguri sos de rosii (ketchup)
10 ml / 2 linguri faina de porumb (amidon de porumb)
30 ml / 2 linguri de apă

Se amestecă făina, sarea, oul și apa până devine spumoasă, dacă este necesar, se mai adaugă puțină apă. Aruncați creveții până când sunt bine acoperiți. Se incinge uleiul si se prajesc crevetii cateva minute pana devin crocante si aurii. Scurgeți pe un prosop de hârtie.

În același timp, încălziți uleiul și prăjiți ceapa și ghimbirul până se înmoaie. Adăugați sosul de roșii și fierbeți timp de 3 minute. Amestecați făina de porumb și apa până devine o pastă, adăugați-o în tigaie și fierbeți, amestecând, până se îngroașă sosul. Adaugati crevetii in tigaie si gatiti la foc mic pana se incalzesc. Serviți deodată.

Creveți cu legume

pentru 4 persoane

15 ml/1 lingura ulei de arahide
225 g / 8 oz buchete de broccoli
225 g / 8 oz ciuperci
225 g / 8 oz muguri de bambus, feliați
450 g / 1 lb creveți cu coajă
120 ml / 4 fl oz / ¬Ω cană de supă de pui
5 ml / 1 lingurita faina de porumb (amidon de porumb)
5 ml / 1 linguriță sos de stridii
2,5 ml / ¬Ω linguriță de zahăr
2,5 ml / ¬Ω linguriță rădăcină de ghimbir rasă
praf de piper proaspat macinat

Încinge uleiul și prăjește broccoli timp de 1 minut. Adăugați ciupercile și lăstarii de bambus și prăjiți timp de 2 minute. Adăugați creveții și prăjiți timp de 2 minute. Combinați restul ingredientelor și amestecați cu amestecul de creveți. Se aduce la fierbere, amestecând, apoi se fierbe timp de 1 minut, amestecând continuu.

Creveți cu castane de apă

pentru 4 persoane

60 ml / 4 linguri ulei de arahide
1 catel de usturoi tocat
1 felie radacina de ghimbir, tocata
450 g / 1 lb creveți cu coajă
30 ml / 2 linguri vin de orez sau sherry uscat 225 g / 8 oz castane de apă, feliate
30 ml/2 linguri de sos de soia
15 ml / 1 lingură făină de porumb (amidon de porumb)
45 ml / 3 linguri de apă

Încinge uleiul și prăjește usturoiul și ghimbirul până se rumenesc ușor. Adăugați creveții și prăjiți timp de 1 minut. Adăugați vinul sau sherry și amestecați bine. Se adauga castane de apa si se prajesc 5 minute. Adăugați celelalte ingrediente și prăjiți timp de 2 minute.

wonton de creveți

pentru 4 persoane

450 g creveți decojiți, tăiați cubulețe
225 g / 8 oz legume amestecate, tocate
15 ml/1 lingura sos de soia
2,5 ml / ¬Ω linguriță de sare
câteva picături de ulei de susan
40 de piei wonton
ulei pentru prajit

Amestecați creveții, legumele, sosul de soia, sarea și uleiul de susan.

Pentru a plia wonton-urile, țineți pielea în palma stângă și puneți o parte din umplutură în mijloc. Umeziți marginile cu ou și pliați pielea într-o formă de triunghi, sigilând marginile. Umeziți colțurile cu ou și răsuciți.

Încinge uleiul și prăjește wontonurile unul câte unul până se rumenesc. Scurgeți bine înainte de servire.

Abalone cu pui

pentru 4 persoane

400 g / 14 oz abalone conservat
30 ml / 2 linguri ulei de arahide
100 g piept de pui, taiat cubulete
100 g / 4 oz muguri de bambus, feliați
250 ml / 8 fl oz / 1 cană bulion de pește
15 ml/1 lingura de vin de orez sau sherry uscat
5 ml/1 lingurita de zahar
2,5 ml / ¬Ω linguriță de sare
15 ml / 1 lingură făină de porumb (amidon de porumb)
45 ml / 3 linguri de apă

Scurgeți și feliați, puneți sucul deoparte. Încinge uleiul și prăjește puiul până la lumină. Adăugați abalonul și lăstarii de bambus și prăjiți timp de 1 minut. Adăugați lichidul de abalone, bulionul, vinul sau sherry, zahărul și sarea, aduceți la fiert și fierbeți timp de 2 minute. Amestecați făina de porumb și apa într-o pastă și fierbeți, amestecând, până când sosul se limpezește și se îngroașă. Serviți deodată.

Abalone cu sparanghel

pentru 4 persoane

10 ciuperci chinezești uscate

30 ml / 2 linguri ulei de arahide

15 ml/1 lingura de apa

225 g / 8 oz sparanghel

2,5 ml / ¬Ω lingurita sos de peste

15 ml / 1 lingură făină de porumb (amidon de porumb)

225 g / 8 oz abalone conservat, feliat

60 ml / 4 linguri de bulion

¬Ω morcov mic, feliat

5 ml/1 lingurita sos de soia

5 ml / 1 linguriță sos de stridii

5 ml / 1 linguriță vin de orez sau sherry uscat

Înmuiați ciupercile în apă caldă timp de 30 de minute, apoi filtrați. Aruncați tulpinile. Încinge 15 ml/1 lingură de ulei cu apă și prăjește ciupercile timp de 10 minute. În același timp, gătiți sparanghelul în apă clocotită până când se înmoaie cu sos de pește și 5 ml/1 linguriță de mălai. Scurge-l bine si pune-l impreuna cu ciupercile pe o farfurie incinsa. Păstrați-le la cald. Se încălzește uleiul rămas și se prăjește abalonul pentru câteva secunde, apoi se adaugă bulionul, morcovii, sosul de soia, sosul de stridii, vinul sau sherry și amidonul de porumb rămas. Gatiti aproximativ 5 minute pana cand sunt fierte, apoi turnati peste sparanghel si serviti.

Abalone cu ciuperci

pentru 4 persoane

6 ciuperci chinezești uscate

400 g / 14 oz abalone conservat

45 ml / 3 linguri ulei de arahide (ulei de arahide)

2,5 ml / ¬Ω linguriță de sare

15 ml/1 lingura de vin de orez sau sherry uscat
3 cepe primare (ceapa), taiate felii groase

Înmuiați ciupercile în apă caldă timp de 30 de minute, apoi filtrați. Aruncați tulpinile și tăiați vârfurile. Scurgeți și feliați, puneți sucul deoparte. Se încălzește uleiul și se prăjesc ciupercile și sarea timp de 2 minute. Adăugați lichidul de abalone și sherry, aduceți la fierbere, acoperiți și fierbeți timp de 3 minute. Se adaugă abalone și ceai și se călesc până se încălzesc. Serviți deodată.

Abalone cu sos de stridii

pentru 4 persoane

400 g / 14 oz abalone conservat
15 ml / 1 lingură făină de porumb (amidon de porumb)
15 ml/1 lingura sos de soia
45 ml / 3 linguri sos de stridii
30 ml / 2 linguri ulei de arahide
50 g / 2 oz sunca afumata, tocata

Scurgeți abalone conservat, lăsând 90 ml / 6 linguri de lichid. Se amestecă cu făină de porumb, sos de soia și sos de stridii. Se încălzește uleiul și se prăjește abalonul scurs timp de 1 minut. Adăugați amestecul de sos și gătiți, amestecând, până se încălzește, aproximativ 1 minut. Se aseaza pe un platou incins si se serveste garnisita cu sunca.

scoici aburite

pentru 4 persoane

24 de scoici

Frecați bine scoicile, apoi puneți-le la înmuiat în apă cu sare timp de câteva ore. Clătiți sub jet de apă și puneți într-o tigaie puțin adâncă. Puneți pe un grătar în cuptorul cu abur, acoperiți și fierbeți peste apă clocotită timp de aproximativ 10 minute până când toate cojile s-au deschis. Aruncați-le pe cele care rămân închise. Serviți cu sosuri.

Cutii cu muguri de fasole

pentru 4 persoane
24 de scoici
15 ml/1 lingura ulei de arahide
150 g / 5 oz fasole
1 ardei verde taiat fasii
2 cepe primare (ceapa), tocate marunt
15 ml/1 lingura de vin de orez sau sherry uscat
sare si piper proaspat macinat
2,5 ml / ¬Ω linguriță ulei de susan
50 g / 2 oz sunca afumata, tocata

Frecați bine scoicile, apoi puneți-le la înmuiat în apă cu sare timp de câteva ore. Clătiți sub jet de apă. Fierbe apa intr-o tigaie, adauga midiile si fierbe cateva minute pana se deschid. Goliți și aruncați orice care rămâne închis. Scoateți cutiile din cutii.

Încinge uleiul și prăjește fasolea timp de 1 minut. Adăugați boia de ardei și ceapa primăvară și prăjiți timp de 2 minute. Adăugați vin sau sherry și asezonați cu sare și piper. Se încălzește, apoi se adaugă scoici și se amestecă până se combină bine și se încălzește. Se aseaza pe un platou incins si se serveste stropite cu ulei de susan si sunca.

Cutii cu ghimbir si usturoi

pentru 4 persoane

24 de scoici

15 ml/1 lingura ulei de arahide

2 felii de rădăcină de ghimbir, tocate

2 catei de usturoi, tocati marunt

15 ml/1 lingura de apa

5 ml/1 lingurita ulei de susan

sare si piper proaspat macinat

Frecați bine scoicile, apoi puneți-le la înmuiat în apă cu sare timp de câteva ore. Clătiți sub jet de apă. Încinge uleiul și prăjește ghimbirul și usturoiul timp de 30 de secunde. Adăugați scoici, apa și ulei de susan, acoperiți și gătiți aproximativ 5 minute până când scoicile se deschid. Aruncați-le pe cele care rămân închise. Se condimentează ușor cu sare și piper și se servește imediat.

Scoici prăjite

pentru 4 persoane

24 de scoici

60 ml / 4 linguri ulei de arahide

4 catei de usturoi, tocati marunt

1 ceapa tocata marunt

2,5 ml / ¬Ω linguriță de sare

Frecați bine scoicile, apoi puneți-le la înmuiat în apă cu sare timp de câteva ore. Clătiți sub jet de apă și uscați. Încinge uleiul și prăjește usturoiul, ceapa și sarea până se înmoaie. Adăugați scoici, acoperiți și fierbeți aproximativ 5 minute până se deschid toate cojile. Aruncați-le pe cele care rămân închise. Se prajesc usor inca 1 minut, stropite cu ulei.

prăjituri de crab

pentru 4 persoane

225 g / 8 oz fasole

60 ml / 4 linguri ulei de arahide 100 g / 4 oz muguri de bambus, tăiați în fâșii

1 ceapa tocata marunt

225 g carne de crab, fulgi

4 oua, batute usor

15 ml / 1 lingură făină de porumb (amidon de porumb)

30 ml/2 linguri de sos de soia

sare si piper proaspat macinat

Se fierbe fasolea în apă clocotită timp de 4 minute, apoi se scurge. Se încălzeşte jumătate din ulei şi se prăjeşte fasolea, lăstarul de bambus şi ceapa până se înmoaie. Se ia de pe foc şi se amestecă restul ingredientelor, cu excepţia uleiului. Încinge uleiul rămas într-o tigaie curată şi prăjeşte chiftele mici dintr-o lingură de carne de crab. Prăjiţi ambele părţi până se rumeneşte uşor, apoi serviţi imediat.

budincă de crab

pentru 4 persoane

225 g / 8 oz carne de crab

5 oua batute

1 ceapa primavara (ceapa), tocata marunt

250 ml / 8 fl oz / 1 cană apă

5 ml/1 lingurita de sare

5 ml/1 lingurita ulei de susan

Se amestecă bine toate ingredientele. Se pune intr-un castron, se acopera si se pune peste apa fierbinte sau aburi. Se fierbe aproximativ 35 de minute până la consistența budincii, amestecând din când în când. Serviți cu orez.

Carne de crab din frunze chinezești

pentru 4 persoane

450 g / 1 lb frunze chinezești rase

45 ml / 3 linguri de ulei vegetal

2 cepe primare (ceapa), tocate marunt

225 g / 8 oz carne de crab

15 ml/1 lingura sos de soia

15 ml/1 lingura de vin de orez sau sherry uscat

5 ml/1 lingurita de sare

Se fierbe frunzele chinezești în apă clocotită timp de 2 minute, apoi se scurg bine și se clătesc cu apă rece. Se incinge uleiul si se caleste ceapa pana se rumeneste deschis. Adăugați carnea de crab și prăjiți timp de 2 minute. Adăugați frunze chinezești și prăjiți timp de 4 minute. Adăugați sos de soia, vin sau sherry și sare și amestecați bine. Adăugați bulionul și făina de porumb, aduceți la fiert și gătiți, amestecând, timp de 2 minute până când sosul se limpezește și se îngroașă.

Crab Foo Yung cu muguri de fasole

pentru 4 persoane
6 oua batute
45 ml / 3 linguri faina de porumb (amidon de porumb)
225 g / 8 oz carne de crab
100 g / 4 oz fasole
2 cepe primare (ceapa), tocate marunt
2,5 ml / ¬Ω linguriță de sare

45 ml / 3 linguri ulei de arahide (ulei de arahide)

Bateți oul, apoi adăugați mălaiul. Se amestecă restul ingredientelor, cu excepția uleiului. Încinge uleiul și toarnă amestecul puțin câte una în tigaie pentru a forma clătite mici de aproximativ 7,5 cm lățime. Prăjiți fundul până se rumenește, apoi întoarceți-l și prăjiți și cealaltă parte.

Crab cu ghimbir

pentru 4 persoane

15 ml/1 lingura ulei de arahide
2 felii de rădăcină de ghimbir, tocate
4 ceapa primavara (ceapa), tocata marunt
3 catei de usturoi, tocati marunt
1 ardei iute roșu tocat mărunt
350 g / 12 oz carne de crab, fulgi

2,5 ml / ¬Ω lingurita pasta de peste
2,5 ml / ¬Ω linguriță ulei de susan
15 ml/1 lingura de vin de orez sau sherry uscat
5 ml / 1 lingurita faina de porumb (amidon de porumb)
15 ml/1 lingura de apa

Încinge uleiul și prăjește în el ghimbirul, ceapa primăvară, usturoiul și ardeiul iute timp de 2 minute. Adăugați carnea de crab și amestecați până când condimentele sunt bine acoperite. Adăugați pasta de pește. Se amestecă celelalte ingrediente până la o pastă, apoi se toarnă în tigaie și se prăjește timp de 1 minut. Serviți deodată.

Crab Lo Mein

pentru 4 persoane

100 g / 4 oz fasole
30 ml / 2 linguri ulei de arahide
5 ml/1 lingurita de sare
1 ceapa tocata marunt
100 g de ciuperci, feliate

225 g carne de crab, fulgi
100 g / 4 oz muguri de bambus, feliați
Paste prajite
30 ml/2 linguri de sos de soia
5 ml/1 lingurita de zahar
5 ml/1 lingurita ulei de susan
sare si piper proaspat macinat

Se fierbe fasolea în apă clocotită timp de 5 minute, apoi se scurge. Se incinge uleiul si se prajesc in sare si ceapa pana se inmoaie. Adăugați ciupercile și prăjiți până se înmoaie. Adăugați carnea de crab și prăjiți timp de 2 minute. Adăugați fasolea și lăstarii de bambus și căleți timp de 1 minut. Adăugați aluatul scurs în tigaie și amestecați ușor. Amestecați sosul de soia, zahărul și uleiul de susan și asezonați cu sare și piper. Se amestecă în tigaie până se încălzește.

Crab prajit cu carne de porc

pentru 4 persoane

30 ml / 2 linguri ulei de arahide
100 g carne de porc tocata (macinata)
350 g / 12 oz carne de crab, fulgi
2 felii de rădăcină de ghimbir, tocate
2 oua, batute usor
15 ml/1 lingura sos de soia
15 ml/1 lingura de vin de orez sau sherry uscat
30 ml / 2 linguri de apă
sare si piper proaspat macinat
4 eşalote, tăiate fâşii

Încinge uleiul şi prăjeşte carnea de porc până la lumină. Adăugaţi carnea de crab şi ghimbirul şi prăjiţi timp de 1 minut. Adăugaţi ouăle. Adăugaţi sos de soia, vin sau sherry, apă, sare şi piper şi fierbeţi, amestecând, timp de aproximativ 4 minute. Se serveste cu arpagic.

Carne de crab prăjită

pentru 4 persoane

30 ml / 2 linguri ulei de arahide
450 g/1 lb carne de crab, fulgi
2 cepe primare (ceapa), tocate marunt
2 felii de rădăcină de ghimbir, tocate
30 ml/2 linguri de sos de soia
30 ml / 2 linguri vin de orez sau sherry uscat
2,5 ml / ¬Ω linguriță de sare
15 ml / 1 lingură făină de porumb (amidon de porumb)
60 ml / 4 linguri de apă

Încinge uleiul și prăjește în ea carnea de crab, ceapa primăvară și ghimbirul timp de 1 minut. Adăugați sos de soia, vin sau sherry și sare, acoperiți și fierbeți timp de 3 minute. Amestecați făina de porumb și apa până devine o pastă, adăugați-o în tigaie și fierbeți, amestecând, până când sosul se limpezește și se îngroașă.

bile de calmar prajit

pentru 4 persoane

450 g / 1 kilogram de calmar
50 g untură, mărunțită
1 albus de ou
2,5 ml / ¬Ω linguriță de zahăr
2,5 ml / ¬Ω linguriță de amidon de porumb (amidon de porumb)
sare si piper proaspat macinat
ulei pentru prajit

Tăiați calamarul și măcinați sau faceți o pastă. Se amestecă grăsimea, albușul, zahărul și amidonul de porumb și se condimentează cu sare și piper. Presă amestecul în bile. Se încălzește uleiul și se prăjesc găluștele de calmar, dacă este necesar, până când plutesc la suprafața uleiului și sunt aurii. Scurgeți bine și serviți împreună.

homar cantonez

pentru 4 persoane

2 *homari*

30 ml / 2 *linguri de ulei*

15 ml/1 *lingura sos de fasole neagra*

1 *catel de usturoi zdrobit*

1 *ceapa tocata marunt*

225 g *carne de porc tocata (macinata)*

45 ml / 3 *linguri de sos de soia*

5 ml/1 *lingurita de zahar*

sare si piper proaspat macinat

15 ml / 1 *lingură făină de porumb (amidon de porumb)*

75 ml / 5 *linguri de apă*

1 *ou bătut*

Tăiați homarul, scoateți carnea și tăiați-l în cuburi de 2,5 cm. Încinge uleiul și prăjește sosul de fasole neagră, usturoiul și ceapa până se rumenesc ușor. Se adauga carnea de porc si se prajeste pana se rumeneste. Adăugați sos de soia, zahăr, sare, piper și homar, acoperiți și fierbeți timp de aproximativ 10 minute. Amestecați făina de porumb și apa până devine o pastă, adăugați-o în tigaie și fierbeți, amestecând, până când sosul se limpezeşte şi se îngroaşă. Înainte de servire, stingeţi focul şi adăugaţi oul.

homar prajit

pentru 4 persoane

450 g/1 lb carne de homar
30 ml/2 linguri de sos de soia
5 ml/1 lingurita de zahar
1 ou bătut
30 ml / 3 linguri de făină universală
ulei pentru prajit

Tăiaţi carnea de homar în cuburi de 2,5 cm/1 şi amestecaţi cu sosul de soia şi zahărul. Se lasă să stea 15 minute, apoi se filtrează. Amestecaţi oul şi făina, apoi adăugaţi homarul şi amestecaţi uniform. Încinge uleiul şi prăjeşte homarul până se rumeneşte. Scurgeţi pe un prosop de hârtie înainte de servire.

Homar la abur cu șuncă

pentru 4 persoane

4 oua, batute usor
60 ml / 4 linguri de apă
5 ml/1 lingurita de sare
15 ml/1 lingura sos de soia
450 g carne de homar, fulgi
15 ml / 1 lingura sunca afumata tocata
15 ml/1 lingura patrunjel proaspat tocat

Bateți ouăle cu apă, sare și sosul de soia. Se toarnă într-un vas rezistent la cuptor și se stropește cu carne de homar. Așezați vasul în cuptorul cu aburi pe grătar, acoperiți și gătiți la abur timp de 20 de minute, până când oul se întărește. Se serveste cu sunca si patrunjel.

Homar cu ciuperci

pentru 4 persoane

450 g/1 lb carne de homar

15 ml / 1 lingură făină de porumb (amidon de porumb)

60 ml / 4 linguri de apă

30 ml / 2 linguri ulei de arahide

4 cepe primare (ceapa), taiate felii groase

100 g de ciuperci, feliate

2,5 ml / ¬Ω linguriță de sare

1 catel de usturoi zdrobit

30 ml/2 linguri de sos de soia

15 ml/1 lingura de vin de orez sau sherry uscat

Tăiați carnea de homar în cuburi de 2,5 cm. Amestecați făina de porumb și apa până la o pastă și amestecați cuburile de homar pentru a le acoperi. Se incinge jumatate din ulei si se prajesc cubuletele de homar pana devin putin aurii, se scot din tigaie. Se încălzește uleiul rămas și se prăjește ceapa până se rumenește ușor. Adăugați ciupercile și prăjiți timp de 3 minute. Adauga sare, usturoi, sos de soia si vin sau sherry si se caleste timp de 2 minute. Întoarceți homarul în tigaie și gătiți până se încălzește.

Coada homarului cu carne de porc

pentru 4 persoane

3 ciuperci chinezești uscate
4 cozi de homar
60 ml / 4 linguri ulei de arahide
100 g carne de porc tocata (macinata)
50 g / 2 oz castane de apă, tocate mărunt
sare si piper proaspat macinat
2 catei de usturoi, tocati marunt
45 ml / 3 linguri de sos de soia
30 ml / 2 linguri vin de orez sau sherry uscat
30 ml / 2 linguri de sos de fasole neagra
10 ml / 2 linguri faina de porumb (amidon de porumb)
120 ml / 4 fl oz / ¬Ω cană de apă

Înmuiați ciupercile în apă caldă timp de 30 de minute, apoi filtrați. Aruncați tulpinile și tăiați vârfurile. Tăiați coada homarului în jumătate pe lungime. Scoateți carnea de pe cozile homarului, păstrând cojile. Se încălzește jumătate din ulei și se prăjește carnea de porc până la lumină. Se ia de pe foc si se amesteca ciupercile, carnea homarului, castanele de apa, sare si piper. Apăsați carnea înapoi în coaja homarului și puneți-o în tava de copt. Puneți pe un grătar în cuptorul cu abur, acoperiți și fierbeți timp de aproximativ 20 de minute până când sunt fierte. Între timp, încălziți uleiul rămas și prăjiți usturoiul, sosul de soia, vinul sau sherry și sosul de fasole neagră timp de 2 minute. Se amestecă făina de porumb și apa până se formează o pastă, se toarnă în tigaie și se fierbe, amestecând, până se îngroașă sosul. Asezam homarul pe un platou incins, turnam peste sos si servim imediat.

Homar prajit

pentru 4 persoane

450 g/1 lb coadă de homar

30 ml / 2 linguri ulei de arahide

1 catel de usturoi zdrobit

2,5 ml / ¬Ω linguriță de sare

350 g / 12 oz fasole

50 g / 2 oz de ciuperci

4 cepe primare (ceapa), taiate felii groase

150 ml / ¬° pt / ¬Ω cană generoasă de supă de pui

15 ml / 1 lingură făină de porumb (amidon de porumb)

Se fierbe apa intr-o tigaie, se adauga cozile de homar si se fierbe 1 minut. Scurgeți, răciți, îndepărtați pielea și tăiați în felii groase. Se încălzește uleiul cu usturoiul și sarea și se prăjește până când usturoiul devine ușor auriu. Adăugați homarul și prăjiți timp de 1 minut. Se adauga fasolea si ciupercile si se calesc 1 minut. Adăugați arpagicul. Adăugați cea mai mare parte din bulion, aduceți la fierbere, acoperiți și fierbeți timp de 3 minute. Amestecați mălaiul cu restul bulionului, adăugați-l în tigaie și fierbeți, amestecând, până când sosul se limpezește și se îngroașă.

cuiburi de homar

pentru 4 persoane

30 ml / 2 linguri ulei de arahide

5 ml/1 lingurita de sare

1 ceapa, tocata marunt

100 g de ciuperci, feliate

*100 g muguri de bambus, feliați 225 g / 8 oz carne de homar
gătită
15 ml/1 lingura de vin de orez sau sherry uscat
120 ml / 4 fl oz / ¬Ω cană de supă de pui
praf de piper proaspat macinat
10 ml / 2 linguri faina de porumb (amidon de porumb)
15 ml/1 lingura de apa
4 cosuri cu paste*

Se incinge uleiul si se prajesc in sare si ceapa pana se inmoaie. Adăugați ciupercile și lăstarii de bambus și prăjiți timp de 2 minute. Adăugați carnea de homar, vinul sau sherry și bulionul, aduceți la fierbere, acoperiți și fierbeți timp de 2 minute. Se condimentează cu piper. Amestecați făina de porumb și apa până devine o pastă, adăugați-o în tigaie și fierbeți, amestecând, până se îngroașă sosul. Așezați cuibul de paste pe o farfurie fierbinte de servire și puneți deasupra friptura de homar.

Midiile in sos de fasole neagra

*pentru 4 persoane
45 ml / 3 linguri ulei de arahide (ulei de arahide)
2 catei de usturoi, tocati marunt*

2 felii de rădăcină de ghimbir, tocate
30 ml / 2 linguri de sos de fasole neagra
15 ml/1 lingura sos de soia
Scoici de 1,5 kg/3 lb, spălate şi bărbierite
2 cepe primare (ceapa), tocate marunt

Încinge uleiul şi prăjeşte usturoiul şi ghimbirul timp de 30 de secunde. Adăugaţi sosul de fasole neagră şi sosul de soia şi prăjiţi timp de 10 secunde. Adăugaţi scoici, acoperiţi şi gătiţi aproximativ 6 minute, până când scoicile se deschid. Aruncaţi-le pe cele care rămân închise. Se aseaza pe un platou incins si se serveste presarat cu arpagic.

Midii cu ghimbir

pentru 4 persoane

45 ml / 3 linguri ulei de arahide (ulei de arahide)
2 catei de usturoi, tocati marunt
4 felii rădăcină de ghimbir, tocate
Scoici de 1,5 kg/3 lb, spălate și bărbierite
45 ml / 3 linguri de apă
15 ml/1 lingura sos de stridii

Încinge uleiul și prăjește usturoiul și ghimbirul timp de 30 de secunde. Adăugați scoicile și apa, acoperiți și gătiți aproximativ 6 minute, până când scoicile se deschid. Aruncați-le pe cele care rămân închise. Se aseaza pe un platou incins si se serveste stropite cu sos de stridii.

midii la abur

pentru 4 persoane

Scoici de 1,5 kg/3 lb, spălate și bărbierite
45 ml / 3 linguri de sos de soia
3 ceapa primavara (ceapa), tocata marunt

Pune midiile pe un grătar în cuptorul cu abur, acoperim și fierbem peste apă clocotită aproximativ 10 minute până când toate scoicile s-au deschis. Aruncați-le pe cele care rămân închise. Se aseaza pe un platou incins si se stropeste cu sos de soia si ceapa si se serveste.

stridii prăjite

pentru 4 persoane

24 de stridii cu coajă
sare si piper proaspat macinat
1 ou bătut
50 g / 2 oz / ¬Ω cană făină universală
250 ml / 8 fl oz / 1 cană apă
ulei pentru prajit
4 ceapa primavara (ceapa), tocata marunt

Se presară stridiile cu sare și piper. Bateți oul cu făina și apa și folosiți-l pentru a acoperi stridiile. Încinge uleiul și prăjește stridiile până se rumenesc. Scurgeti pe un prosop de hartie si serviti garnisiti cu ceai.

Stridii cu bacon

pentru 4 persoane

175 g / 6 oz slănină
24 de stridii cu coajă
1 ou, batut usor
15 ml/1 lingura de apa
45 ml / 3 linguri ulei de arahide (ulei de arahide)
2 cepe tocate marunt
15 ml / 1 lingură făină de porumb (amidon de porumb)
15 ml/1 lingura sos de soia
90 ml / 6 linguri supa de pui

Tăiați slănina în bucăți și înfășurați câte o bucată în jurul fiecărei stridii. Bateți oul cu apă și apoi scufundați-l în stridii. Se incinge jumatate din ulei si se prajesc stridiile pana se rumenesc usor pe ambele parti, apoi se scot din tigaie si se scurg de grasime. Se încălzește uleiul rămas și se prăjește ceapa până se înmoaie. Se amestecă făina de porumb, sosul de soia și bulionul până devine o pastă, se toarnă în tigaie și se fierbe, amestecând, până când sosul se limpezește și se îngroașă. Se toarnă peste stridii și se servește imediat.

Stridii prăjite cu ghimbir

pentru 4 persoane

24 de stridii cu coajă

2 felii de rădăcină de ghimbir, tocate

30 ml/2 linguri de sos de soia

15 ml/1 lingura de vin de orez sau sherry uscat

4 eșalote, tăiate fâșii

100 g de bacon

1 ou

50 g / 2 oz / ¬Ω cană făină universală

sare si piper proaspat macinat

ulei pentru prajit

1 lămâie tăiată felii

Așezați stridiile într-un castron cu ghimbir, sosul de soia și vinul sau sherry și amestecați-le. Lăsați să stea timp de 30 de minute. Puneți câteva fâșii de ceai verde deasupra fiecărei stridii. Tăiați slănina în bucăți și înfășurați câte o bucată în jurul fiecărei stridii. Bateți oul și făina într-un aluat, asezonați cu sare și piper. Scufundați stridiile în aluat până când sunt bine acoperite. Încinge uleiul și prăjește stridiile până se rumenesc. Serviți cu felii de lămâie.

Stridii cu sos de fasole neagră

pentru 4 persoane

350 g / 12 oz stridii în coajă

120 ml / 4 fl oz / ¬Ω cană ulei de arahide (ulei de arahide)

2 catei de usturoi, tocati marunt

3 cepe primare (ceapa), taiate felii

15 ml/1 lingura sos de fasole neagra

30 ml / 2 linguri sos de soia închis

15 ml/1 lingura ulei de susan

un praf de chili pudră

Se fierb stridiile în apă clocotită timp de 30 de secunde, apoi se scurg. Încinge uleiul și prăjește usturoiul și ceapa timp de 30 de secunde. Adaugati sosul de fasole neagra, sosul de soia, uleiul de susan si stridiile si asezonati cu pudra de chili. Se coace foarte fierbinte si se serveste imediat.

Scoici cu muguri de bambus

pentru 4 persoane

60 ml / 4 linguri ulei de arahide

6 eșalote (opate), tocate mărunt

225 g ciuperci, tăiate în sferturi

15 ml/1 lingura de zahar

450 g / 1 lb scoici decojite

2 felii de rădăcină de ghimbir, tocate

225 g / 8 oz muguri de bambus, feliați

sare si piper proaspat macinat

300 ml / ¬Ω pt / 1 ¬° cană de apă

30 ml / 2 linguri de otet de vin

30 ml / 2 linguri faina de porumb (amidon de porumb)

150 ml / ¬° pt / ¬Ω cană de apă generoasă

45 ml / 3 linguri de sos de soia

Se încălzește uleiul și se prăjește ceapa și ciupercile timp de 2 minute. Adăugați zahăr, scoici, ghimbir, muguri de bambus, sare și piper, acoperiți și gătiți timp de 5 minute. Adăugați apă și oțet de vin, aduceți la fiert, acoperiți și fierbeți timp de 5 minute. Amestecați făina de porumb și apa până devine o pastă, adăugați-o în tigaie și fierbeți, amestecând, până se îngroașă sosul. Se condimentează cu sos de soia și se servește.

Scoici cu ouă

pentru 4 persoane

45 ml / 3 linguri ulei de arahide (ulei de arahide)
350 g / 12 oz scoici decojite
25 g / 1 oz sunca afumata, tocata
30 ml / 2 linguri vin de orez sau sherry uscat
5 ml/1 lingurita de zahar
2,5 ml / ¬Ω linguriță de sare
praf de piper proaspat macinat
2 oua, batute usor
15 ml/1 lingura sos de soia

Încinge uleiul și prăjește midiile timp de 30 de secunde. Adăugați șunca și prăjiți timp de 1 minut. Adăugați vinul sau sherry, zahărul, sare și piper și căliți timp de 1 minut. Adăugați oul și amestecați ușor la foc mare până când ingredientele sunt bine acoperite cu ou. Se serveste stropita cu sos de soia.

Scoici cu broccoli

pentru 4 persoane

350 g / 12 oz scoici, feliate

3 felii de rădăcină de ghimbir, tocate

¬Ω morcov mic, feliat

1 catel de usturoi zdrobit

45 ml / 3 linguri făină simplă (toate scopuri)

2,5 ml / ¬Ω linguriță de bicarbonat de sodiu (bicarbonat de sodiu)

30 ml / 2 linguri ulei de arahide

15 ml/1 lingura de apa

1 banană feliată

ulei pentru prajit

275 g / 10 oz broccoli

sare

5 ml/1 lingurita ulei de susan

2,5 ml / ¬Ω lingurita sos chili

2,5 ml / ¬Ω linguriță de oțet de vin

2,5 ml / ¬Ω lingurita pasta de rosii (paste)

Se amestecă scoicile cu ghimbirul, morcovul și usturoiul și se lasă să stea. Amestecați făina, bicarbonatul de sodiu, 15 ml/1 lingură de ulei și apă până la o pastă și acoperiți feliile de banană. Se încălzește uleiul și se prăjesc pătlaginile până devin aurii, apoi se scurg și se pun pe o farfurie fierbinte de servire. Între timp, gătiți broccoli în apă clocotită cu sare până când se înmoaie, apoi scurgeți-l. Se încălzește uleiul rămas cu uleiul de susan și se prăjește scurt broccoli, apoi se aranjează în jurul farfurii cu pătlaginele. Adăugați în tigaie sosul de chili, oțetul de vin și pasta de roșii și gătiți scoicile. Se pune pe o farfurie si se serveste imediat.

Scoici cu ghimbir

pentru 4 persoane

45 ml / 3 linguri ulei de arahide (ulei de arahide)
2,5 ml / ¬Ω linguriță de sare
3 felii de rădăcină de ghimbir, tocate
2 cepe primare (ceapa), taiate felii groase
450g/1lb scoici, tăiate la jumătate
15 ml / 1 lingură făină de porumb (amidon de porumb)
60 ml / 4 linguri de apă

Se încălzește uleiul și se prăjește în sare și ghimbir timp de 30 de secunde. Adăugați arpagicul și prăjiți până se rumenește ușor. Adăugați scoici și prăjiți timp de 3 minute. Amestecați făina de porumb și apa până devine o pastă, adăugați-o în tigaie și gătiți, amestecând, la foc mic până se îngroașă. Serviți deodată.

Scoici cu șuncă

pentru 4 persoane

450g/1lb scoici, tăiate la jumătate
250 ml / 8 fl oz / 1 cană vin de orez sau sherry uscat
1 ceapa tocata marunt
2 felii de rădăcină de ghimbir, tocate
2,5 ml / ¬Ω linguriță de sare
100 g / 4 oz sunca afumata, tocata

Pune scoicile într-un castron și adaugă vinul sau sherry. Acoperiți și marinați timp de 30 de minute, întorcându-le din când în când, apoi scurgeți scoici și aruncați marinada. Pune scoicile în tigaie cu celelalte ingrediente. Așezați vasul în cuptorul cu aburi pe grătar, acoperiți și fierbeți peste apă clocotită aproximativ 6 minute, până când scoicile sunt fragede.

Ouă omletă cu scoici și ierburi

pentru 4 persoane

225 g / 8 oz scoici decojite
30 ml / 2 linguri coriandru proaspăt tocat
4 oua batute
15 ml/1 lingura de vin de orez sau sherry uscat
sare si piper proaspat macinat
15 ml/1 lingura ulei de arahide

Pune scoicile în cuptorul cu abur și gătești aproximativ 3 minute, în funcție de mărime, până când sunt fierte. Scoateți din cuptorul cu abur și stropiți cu coriandru. Bateți ouăle cu vin sau sherry și asezonați cu sare și piper. Adăugați scoici și coriandru. Se încălzește uleiul și se prăjește amestecul de ou-coici, amestecând continuu, până când oul este moale. Serviți imediat.

Midii și ceapă prăjite

pentru 4 persoane

45 ml / 3 linguri ulei de arahide (ulei de arahide)
1 ceapa tocata marunt
450g/1lb scoici în coajă, tăiate în sferturi
sare si piper proaspat macinat
15 ml/1 lingura de vin de orez sau sherry uscat

Se incinge uleiul si se caleste ceapa pana se inmoaie. Adăugați scoici și prăjiți până se rumenesc ușor. Asezonați cu sare și piper, turnați peste vin sau sherry și serviți imediat.

Scoici cu legume

la 4'6

4 ciuperci chinezești uscate

2 cepe

30 ml / 2 linguri ulei de arahide

3 tulpini de țelină, tăiate în diagonală

225 g / 8 oz fasole verde, tăiată în diagonală

10 ml / 2 lingurițe rădăcină de ghimbir rasă

1 catel de usturoi zdrobit

20 ml / 4 linguri faina de porumb (amidon de porumb)

250 ml / 8 fl oz / 1 cană bulion de pui

30 ml / 2 linguri vin de orez sau sherry uscat

30 ml/2 linguri de sos de soia

450g/1lb scoici în coajă, tăiate în sferturi

6 ceapa primavara (ceapa), taiata felii

425 g / 15 oz porumb conservat pe stiule

Înmuiați ciupercile în apă caldă timp de 30 de minute, apoi filtrați. Aruncați tulpinile și tăiați vârfurile. Tăiați ceapa în felii, separați straturile. Se încălzește uleiul și se prăjește ceapa, țelina, fasolea, ghimbirul și usturoiul timp de 3 minute. Amestecați făina de porumb cu puțin bulion, apoi amestecați bulionul rămas, vin sau sherry și sosul de soia. Se adaugă în wok și se aduce la fierbere, amestecând. Adaugati ciupercile, scoicile, ceapa si porumbul si caliti aproximativ 5 minute, pana cand scoicile sunt fragede.

Scoici cu boia

pentru 4 persoane

30 ml / 2 linguri ulei de arahide
3 ceapa primavara (ceapa), tocata marunt
1 catel de usturoi zdrobit
2 felii de rădăcină de ghimbir, tocate
2 ardei rosii taiati cubulete
450 g / 1 lb scoici decojite

30 ml / 2 linguri vin de orez sau sherry uscat

15 ml/1 lingura sos de soia

15 ml/1 lingură sos de fasole galbenă

5 ml/1 lingurita de zahar

5 ml/1 lingurita ulei de susan

Se încălzește uleiul și se prăjește ceapa, usturoiul și ghimbirul timp de 30 de secunde. Adăugați boia și prăjiți timp de 1 minut. Se adauga scoicile si se prajesc 30 de secunde, apoi se adauga restul ingredientelor si se fierbe cca. 3 minute până când scoicile sunt fragede.

Calamar cu muguri de fasole

pentru 4 persoane

450 g/1 lb calmar

30 ml / 2 linguri ulei de arahide

15 ml/1 lingura de vin de orez sau sherry uscat

100 g / 4 oz fasole

15 ml/1 lingura sos de soia

sare

1 ardei iute roşu, ras

2 felii rădăcină de ghimbir, rasă

2 cepe de primăvară (cepe), ras

Scoateţi capul, măruntaiele şi membrana de la calmar şi tăiaţi în bucăţi mari. Tăiaţi un model peste fiecare bucată. Fierbeţi apa într-o tigaie, adăugaţi calamarul şi fierbeţi la foc mic până când bucăţile se rulează, scoateţi şi scurgeţi. Se încălzeşte jumătate din ulei şi se prăjeşte rapid calmarul. Se toarnă vin sau sherry deasupra. Între timp, încălziţi uleiul rămas şi prăjiţi fasolea până se înmoaie. Asezonaţi cu sos de soia şi sare. Aranjaţi chili, ghimbir şi ceai verde în jurul farfurii de servire. În mijloc îngrămădim germeni de fasole şi punem calamar deasupra. Serviţi deodată.

calamar prajit

pentru 4 persoane

50 g/2 oz făină universală

25 g / 1 oz / ¬° cană amidon de porumb (amidon de porumb)

2,5 ml / ¬Ω lingurita praf de copt

2,5 ml / ¬Ω linguriță de sare

1 ou

75 ml / 5 linguri de apă

15 ml/1 lingura ulei de arahide

450 g / 1 lb calmar, tăiat în inele

ulei pentru prajit

Se amestecă făina, amidonul de porumb, praful de copt, sarea, oul, apa și uleiul într-un aluat. Înmuiați calmarul în aluat până când este bine acoperit. Încinge uleiul și prăjește câteva bucăți de calmar până se rumenesc. Scurgeți pe un prosop de hârtie înainte de servire.

pachete de calmar

pentru 4 persoane

8 ciuperci chinezești uscate

450 g/1 lb calmar

100 g / 4 oz șuncă afumată

100 g / 4 oz tofu

1 ou bătut

15 ml / 1 lingură de făină universală

2,5 ml / ¬Ω linguriță de zahăr

2,5 ml / ¬Ω linguriță ulei de susan

sare si piper proaspat macinat

8 piei wonton

ulei pentru prajit

Înmuiați ciupercile în apă caldă timp de 30 de minute, apoi filtrați. Aruncați tulpinile. Tăiați calmarul și tăiați-l în 8 bucăți. Tăiați șunca și tofu în 8 părți. Pune-le pe toate într-un castron. Se amestecă ouăle cu făina, zahărul, uleiul de susan, sare și piper. Turnați ingredientele într-un bol și amestecați cu grijă. Așezați capacul de ciuperci și o bucată de calmar, șuncă și tofu în centrul fiecărui coaj de wonton. Îndoiți în colțul de jos, pliați părțile laterale, apoi rulați și udați marginile cu apă pentru a sigila. Încinge uleiul și prăjește bucățile aproximativ 8 minute până se rumenesc. Scurgeți bine înainte de servire.

rulada de calmar prajit

pentru 4 persoane

45 ml / 3 linguri ulei de arahide (ulei de arahide)

225 g / 8 oz inele de calmar

1 ardei verde mare, tăiat în bucăți

100 g / 4 oz muguri de bambus, feliați

2 cepe primare (ceapa), tocate marunt

1 felie radacina de ghimbir, tocata marunt

45 ml / 2 linguri de sos de soia

30 ml / 2 linguri vin de orez sau sherry uscat

15 ml / 1 lingură făină de porumb (amidon de porumb)

15 ml / 1 lingura supa de peste sau apa

5 ml/1 lingurita de zahar

5 ml/1 lingurita otet de vin

5 ml/1 lingurita ulei de susan

sare si piper proaspat macinat

Se încălzesc 15 ml / 1 lingură ulei și se prăjesc rapid calmarii până se etanșează bine. Între timp, încălziți uleiul rămas într-o tigaie separată și prăjiți în ea boia de ardei, lăstarii de bambus, ceapa și ghimbirul timp de 2 minute. Adăugați calamarul și prăjiți timp de 1 minut. Adăugați sos de soia, vin sau sherry, mălai, bulion, zahăr, oțet de vin și ulei de susan, apoi condimentați cu sare și piper. Coaceți până când sosul se limpezește și se îngroașă.

Icre prăjite

pentru 4 persoane

45 ml / 3 linguri ulei de arahide (ulei de arahide)
3 cepe primare (ceapa), taiate felii groase
2 felii de rădăcină de ghimbir, tocate
450 g / 1 lb calmar, tăiat bucăți
15 ml/1 lingura sos de soia
15 ml/1 lingura de vin de orez sau sherry uscat
5 ml / 1 lingurita faina de porumb (amidon de porumb)
15 ml/1 lingura de apa

Se încălzește uleiul și se prăjește ceapa și ghimbirul până se înmoaie. Se adaugă calamarul și se prăjește până se îmbracă în ulei. Adăugați sosul de soia și vinul sau sherry, acoperiți și fierbeți timp de 2 minute. Amestecați făina de porumb și apa până devine o pastă, adăugați-o în tigaie și gătiți, amestecând, la foc mic până când sosul se îngroașă și calamarul este fraged.

Calamar cu ciuperci uscate

pentru 4 persoane

50 g de ciuperci chinezești uscate
450 g/1 lb inele de calmar
45 ml / 3 linguri ulei de arahide (ulei de arahide)
45 ml / 3 linguri de sos de soia
2 cepe primare (ceapa), tocate marunt
1 felie radacina de ghimbir, tocata
225 g muguri de bambus, tăiați în fâșii
30 ml / 2 linguri făina de porumb (amidon de porumb)
150 ml / ¬° pt / ¬Ω cană generoasă de suc de pește

Înmuiați ciupercile în apă caldă timp de 30 de minute, apoi filtrați. Aruncați tulpinile și tăiați vârfurile. Se fierbe calamarul in apa clocotita pentru cateva secunde. Se incinge uleiul, se adauga ciupercile, sosul de soia, ceapa primavara si ghimbirul si se prajesc 2 minute. Adăugați calmarul și lăstarii de bambus și prăjiți timp de 2 minute. Combinați făina de porumb și bulionul și amestecați în tigaie. Se fierbe la foc mic, amestecând, până când sosul se limpezește și se îngroașă.

Calamar cu legume

pentru 4 persoane

45 ml / 3 linguri ulei de arahide (ulei de arahide)

1 ceapa tocata marunt

5 ml/1 lingurita de sare

450 g / 1 lb calmar, tăiat bucăți

100 g / 4 oz muguri de bambus, feliați

2 tulpini de țelină, tăiate în diagonală

60 ml / 4 linguri supa de pui

5 ml/1 lingurita de zahar

100 g / 4 oz mazăre snap

5 ml / 1 lingurita faina de porumb (amidon de porumb)

15 ml/1 lingura de apa

Se incinge uleiul si se caleste usor ceapa si sarea. Se adaugă calamarul și se prăjește până se scufundă în ulei. Adăugați lăstarii de bambus și țelina și prăjiți timp de 3 minute. Adăugați bulionul și zahărul, aduceți la fierbere, acoperiți și *fierbeți timp de 3 minute până când legumele sunt moi. Adăugați Mangetout. Amestecați făina de porumb și apa până devine o pastă, adăugați-o în tigaie și fierbeți, amestecând, până se îngroașă sosul.*

Carne de vită înăbușită cu anason

pentru 4 persoane

30 ml / 2 linguri ulei de arahide

450 g/1 lb friptură de file

1 catel de usturoi zdrobit

45 ml / 3 linguri de sos de soia

15 ml/1 lingura de apa

15 ml/1 lingura de vin de orez sau sherry uscat

5 ml/1 lingurita de sare

5 ml/1 lingurita de zahar

2 cuișoare de anason stelat

Încinge uleiul și prăjește carnea până se rumenește pe toate părțile. Adăugați restul ingredientelor, aduceți la fiert, acoperiți și fierbeți aproximativ 45 de minute, apoi întoarceți carnea și adăugați puțină apă și sos de soia dacă carnea începe să se usuce. Mai fierbeți încă 45 de minute până când carnea este fragedă. Aruncați anasonul stelat înainte de servire.

Vițel cu sparanghel

pentru 4 persoane

450 g / 1 lb friptură de muschi, tăiată cubulețe

30 ml/2 linguri de sos de soia

30 ml / 2 linguri vin de orez sau sherry uscat

45 ml / 3 linguri faina de porumb (amidon de porumb)

45 ml / 3 linguri ulei de arahide (ulei de arahide)

5 ml/1 lingurita de sare

1 catel de usturoi zdrobit

350 g / 12 oz sulițe de sparanghel

120 ml / 4 fl oz / ¬Ω cană de supă de pui

15 ml/1 lingura sos de soia

Pune friptura într-un castron. Amestecați sosul de soia, vinul sau sherry și 30 ml / 2 linguri de porumb, turnați peste fileuri și amestecați bine. Se lasa la marinat 30 de minute. Se încălzește uleiul cu sarea și usturoiul și se prăjește până când usturoiul devine ușor auriu. Adăugați carnea și marinada și prăjiți timp de 4 minute. Adăugați sparanghelul și prăjiți ușor timp de 2 minute. Adăugați bulionul și sosul de soia, aduceți la fiert și gătiți, amestecând, timp de 3 minute până când carnea este fragedă. Se amestecă restul de mălai cu puțină apă sau bulion și se amestecă în sos. Se fierbe la foc mic, amestecand, cateva minute pana cand sosul devine transparent si se ingroasa.

Carne de vită cu muguri de bambus

pentru 4 persoane

45 ml / 3 linguri ulei de arahide (ulei de arahide)
1 catel de usturoi zdrobit
1 ceapă primăvară (ceapă), tocată mărunt
1 felie radacina de ghimbir, tocata
225 g / 8 oz carne slabă, tăiată fâșii
100 g / 4 oz muguri de bambus
45 ml / 3 linguri de sos de soia
15 ml/1 lingura de vin de orez sau sherry uscat
5 ml / 1 lingurita faina de porumb (amidon de porumb)

Încinge uleiul și prăjește usturoiul, ceapa primăvară și ghimbirul până se rumenesc ușor. Adăugați carnea și gătiți timp de 4 minute până se rumenește ușor. Adăugați lăstarii de bambus și prăjiți timp de 3 minute. Adăugați sos de soia, vin sau sherry și amidon de porumb și căliți timp de 4 minute.

Carne de vită cu muguri de bambus și ciuperci

pentru 4 persoane

225 g / 8 oz carne de vită slabă

45 ml / 3 linguri ulei de arahide (ulei de arahide)

1 felie radacina de ghimbir, tocata

100 g / 4 oz muguri de bambus, feliați

100 g de ciuperci, feliate

45 ml / 3 linguri vin de orez sau sherry uscat

5 ml/1 lingurita de zahar

10 ml / 2 linguri de sos de soia

sare piper

120 ml / 4 fl oz / ¬Ω cană bulion de vită

15 ml / 1 lingură făină de porumb (amidon de porumb)

30 ml / 2 linguri de apă

Tăiați carnea în felii subțiri împotriva bobului. Încinge uleiul și prăjește ghimbirul pentru câteva secunde. Se adauga carnea si se prajeste pana se rumeneste. Adăugați lăstarii de bambus și ciupercile și prăjiți timp de 1 minut. Adăugați vin sau sherry, zahăr și sos de soia, apoi condimentați cu sare și piper. Adăugați supa, aduceți la fierbere, acoperiți și fierbeți timp de

3 minute. Combinați făina de porumb și apa, amestecați în tigaie și amestecați până când sosul se îngroașă.

Carne de vită înăbușită chinezească

pentru 4 persoane

45 ml / 3 linguri ulei de arahide (ulei de arahide)
900 g / 2 lb friptură de coastă
1 ceapă (ceapă), feliată
1 catel de usturoi tocat
1 felie radacina de ghimbir, tocata
60 ml/4 linguri de sos de soia
30 ml / 2 linguri vin de orez sau sherry uscat
5 ml/1 lingurita de zahar
5 ml/1 lingurita de sare
un praf de piper
750 ml/punctul 1/3 cani de apa clocotita

Încinge uleiul și prăjește rapid carnea pe toate părțile. Adăugați ceai verde, usturoi, ghimbir, sos de soia, vin sau sherry, zahăr, sare și piper. Aduceți la fierbere în timp ce amestecați. Adăugați apa clocotită, amestecați și aduceți din nou la fiert, apoi acoperiți și fierbeți timp de aproximativ 2 ore până când carnea este fragedă.

Carne de vită cu muguri de fasole

pentru 4 persoane

450g/1lb carne macră de vită, feliată

1 albus de ou

30 ml / 2 linguri ulei de arahide

15 ml / 1 lingură făină de porumb (amidon de porumb)

15 ml/1 lingura sos de soia

100 g / 4 oz fasole

25 g / 1 oz varză murată, tocată

1 ardei iute roşu, ras

2 cepe de primăvară (cepe), ras

2 felii rădăcină de ghimbir, rasă

sare

5 ml / 1 linguriţă sos de stridii

5 ml/1 lingurita ulei de susan

Amestecaţi carnea cu albuşul, jumătate din ulei, amidonul de porumb şi sosul de soia, apoi lăsaţi-o să stea 30 de minute. Fierbeţi fasolea în apă clocotită timp de 8 minute până când sunt aproape moi, apoi scurgeţi-le. Se încălzeşte uleiul rămas şi se prăjeşte carnea până se rumeneşte uşor, apoi se scoate din tigaie. Se adauga varza murata, ardeiul iute, ghimbirul, sarea, sosul de stridii si uleiul de susan si se prajesc 2 minute. Adăugați fasolea și prăjiți timp de 2 minute. Întoarceți carnea în tigaie și gătiți până se amestecă bine și se încălzește. Serviți deodată.

Carne de vită cu broccoli

pentru 4 persoane

450g/1lb friptură de muschi, feliată subțire

30 ml / 2 linguri faina de porumb (amidon de porumb)

15 ml/1 lingura de vin de orez sau sherry uscat

15 ml/1 lingura sos de soia

30 ml / 2 linguri ulei de arahide

5 ml/1 lingurita de sare

1 catel de usturoi zdrobit

225 g / 8 oz buchete de broccoli

150 ml / ¬° pt / o cană generoasă de ¬Ω bulion de vită

Pune friptura într-un castron. Se amestecă 15 ml/1 lingură de mălai cu vin sau sherry și sos de soia, se adaugă în carne și se lasă la marinat 30 de minute. Se încălzește uleiul cu sarea și usturoiul și se prăjește până când usturoiul devine ușor auriu. Adăugați friptura și marinata și rumeniți timp de 4 minute. Adăugați broccoli și prăjiți timp de 3 minute. Adăugați bulionul, aduceți la fierbere, acoperiți și fierbeți timp de 5 minute până când broccoli este fraged, dar încă crocant. Amestecați făina de porumb rămasă cu puțină apă și amestecați-o în sos. Se fierbe la foc mic, amestecând, până când sosul devine ușor și se îngroașă.

Carne de vita cu seminte de susan si broccoli

pentru 4 persoane

150 g carne slabă de vită, feliată subțire
2,5 ml / ¬Ω lingurita sos de stridii
5 ml / 1 lingurita faina de porumb (amidon de porumb)
5 ml/1 lingurita otet de vin alb
60 ml / 4 linguri ulei de arahide
100 g / 4 oz buchete de broccoli

5 ml/1 lingurita sos de peste

2,5 ml / ½ lingurita sos de soia

250 ml / 8 fl oz / 1 cană bulion de vită

30 ml / 2 linguri de seminte de susan

Marinați carnea cu sos de stridii, 2,5 ml / ½ linguriță făină de porumb, 2,5 ml / ½ linguriță oțet de vin și 15 ml / ½ linguriță ulei timp de 1 oră.

Între timp, încălziți 15 ml / 1 lingură de ulei, adăugați broccoli, 2,5 ml / ½ linguriță de sos de pește, sosul de soia și oțetul de vin rămas și turnați peste el apă clocotită. Gatiti la foc mic pana se inmoaie timp de aproximativ 10 minute.

Într-o tigaie separată, încălziți 30 ml / 2 linguri de ulei și prăjiți carnea pentru scurt timp până se înmoaie. Adăugați bulionul, făina de porumb rămasă și sosul de pește, aduceți la fiert, acoperiți și fierbeți timp de aproximativ 10 minute până când carnea este fragedă. Scurgeți broccoli și puneți-l pe o plită încinsă. Se presara deasupra cu carnea si se presara cu seminte de susan.

Carne la gratar

pentru 4 persoane

450g/1lb friptură slabă, feliată
60 ml/4 linguri de sos de soia
2 catei de usturoi, tocati marunt
5 ml/1 lingurita de sare
2,5 ml / ¬Ω lingurita piper proaspat macinat
10 ml / 2 linguriţe de zahăr

Se amestecă toate ingredientele şi se lasă la macerat timp de 3 ore. Gratar sau coace pe un gratar incins timp de aprox. 5 minute pe fiecare parte.

Carne cantoneză

pentru 4 persoane

30 ml / 2 linguri faina de porumb (amidon de porumb)
2 albusuri batute spuma
450g/1lb friptură, tăiată fâșii
ulei pentru prajit
4 tulpini de țelină, feliate
2 cepe tocate marunt
60 ml / 4 linguri de apă
20 ml / 4 lingurițe de sare
75 ml / 5 linguri de sos de soia
60 ml / 4 linguri vin de orez sau sherry uscat
30 ml / 2 linguri de zahăr
piper proaspăt măcinat

Se amestecă jumătate din amidonul de porumb cu albușul de ou. Adăugați friptura și amestecați pentru a acoperi carnea cu aluat. Încinge uleiul și prăjește friptura până se rumenește.

Scoatem din tava si scurgem pe hartie de bucatarie. Încinge 15 ml / 1 lingură ulei și prăjește țelina și ceapa timp de 3 minute. Adăugați carnea, apa, sarea, sosul de soia, vinul sau sherry și zahărul, apoi condimentați cu piper. Se aduce la fierbere și se fierbe, amestecând, până se îngroașă sosul.

Vitel cu morcovi

pentru 4 persoane

30 ml / 2 linguri ulei de arahide
450g/1lb carne macră de vită, tăiată cubulețe
2 cepe primare (ceapa), taiate felii
2 catei de usturoi, tocati marunt
1 felie radacina de ghimbir, tocata
250 ml / 8 fl oz / 1 cană sos de soia
30 ml / 2 linguri vin de orez sau sherry uscat
30 ml / 2 linguri de zahăr brun
5 ml/1 lingurita de sare
600 ml / 1 pt / 2 Ω cană de apă
4 morcovi, tăiați în diagonală

Încinge uleiul și prăjește carnea până se rumenește ușor. Scurgeți excesul de ulei și adăugați ceapa, usturoiul, ghimbirul și anasonul, prăjiți 2 minute. Adăugați sos de soia, vin sau sherry, zahăr și sare și amestecați bine. Adăugați apă, aduceți la fiert, acoperiți și fierbeți timp de 1 oră. Adăugați morcovii, acoperiți și fierbeți încă 30 de minute. Scoateți capacul și fierbeți până când sosul scade.

Carne de vită cu caju

pentru 4 persoane

60 ml / 4 linguri ulei de arahide
450g/1lb friptură de muschi, feliată subțire
8 cepe de primăvară (cepe), tocate mărunt
2 catei de usturoi, tocati marunt
1 felie radacina de ghimbir, tocata
75 g / 3 oz / ¬œ cană caju prăjite
120 ml / 4 fl oz / ¬Ω cană de apă
20 ml / 4 linguri faina de porumb (amidon de porumb)
20 ml / 4 linguri de sos de soia
5 ml/1 lingurita ulei de susan
5 ml / 1 linguriță sos de stridii
5 ml/1 lingurita sos chili

Se încălzește jumătate din ulei și se prăjește carnea până se rumenește ușor. Scoateți din tigaie. Se încălzește uleiul rămas și se prăjește ceapa, usturoiul, ghimbirul și caju pentru 1 minut. Întoarceți carnea în tigaie. Combinați restul ingredientelor și amestecați amestecul în tigaie. Se aduce la fierbere și se fierbe, amestecând, până când amestecul se îngroașă.

Caserolă cu carne de vită la fierbere lentă

pentru 4 persoane

30 ml / 2 linguri ulei de arahide
450 g / 1 lb tocană de carne, tăiată cubulețe
3 felii de rădăcină de ghimbir, tocate
3 morcovi tăiați felii
1 cub de nap
15 ml/1 lingură curmale negre cu sâmburi
15 ml / 1 lingura de seminte de lotus
30 ml / 2 linguri pasta de tomate (paste)
10 ml/2 linguri de sare
900 ml / 1¬Ω pt / 3¬œ cană bulion de vită
250 ml / 8 fl oz / 1 cană vin de orez sau sherry uscat

Încinge uleiul într-o oală sau tigaie mare ignifugă și prăjește carnea până se rumenește pe toate părțile.

Carne de vită cu conopidă

pentru 4 persoane

225 g / 8 oz buchețe de conopidă
ulei pentru prajit
225 g / 8 oz carne de vită, tăiată fâșii
50 g muguri de bambus, tăiați în fâșii
10 castane de apă tăiate fâșii
120 ml / 4 fl oz / ¬Ω cană de supă de pui
15 ml/1 lingura sos de soia
15 ml/1 lingura sos de stridii
15 ml / 1 lingura pasta de rosii (paste)
15 ml / 1 lingură făină de porumb (amidon de porumb)
2,5 ml / ¬Ω linguriță ulei de susan

Fierbeți conopida în apă clocotită timp de 2 minute, apoi scurgeți-o. Încinge uleiul și prăjește conopida până se rumenește ușor. Scoateți și filtrați pe un prosop de hârtie. Se încălzește uleiul din nou și se prăjește carnea până se rumeneşte uşor, apoi se scoate şi se scurge. Adăugaţi 15 ml/1 lingură ulei şi prăjiţi lăstarii de bambus şi castanele de apă timp de 2 minute. Adăugaţi restul ingredientelor, aduceţi la fiert şi fierbeţi, amestecând, până se îngroaşă sosul. Întoarceţi carnea şi conopida în tigaie şi reîncălziţi uşor. Serviţi deodată.

Viţel cu ţelină

pentru 4 persoane
100 g / 4 oz ţelină, tăiată fâşii
45 ml / 3 linguri ulei de arahide (ulei de arahide)
2 cepe primare (ceapa), tocate marunt
1 felie radacina de ghimbir, tocata
225 g / 8 oz carne slabă, tăiată fâşii
30 ml/2 linguri de sos de soia
30 ml / 2 linguri vin de orez sau sherry uscat
2,5 ml / ¬Ω linguriţă de zahăr
2,5 ml / ¬Ω linguriţă de sare

Se fierbe ţelina în apă clocotită timp de 1 minut, apoi se scurge bine. Se încălzeşte uleiul şi se prăjeşte ceapa şi ghimbirul până se rumenesc deschis. Adăugaţi carnea şi prăjiţi timp de 4 minute. Adăugaţi ţelina şi prăjiţi timp de 2 minute. Adăugaţi sos de soia, vin sau sherry, zahăr și sare și căliți timp de 3 minute.

Roast beef felii cu telina

pentru 4 persoane

30 ml / 2 linguri ulei de arahide

450g/1lb carne macră de vită, feliată

3 tulpini de telina, rasa

1 ceapă, rasă

1 ceapă (ceapă), feliată

1 felie radacina de ghimbir, tocata

30 ml/2 linguri de sos de soia

15 ml/1 lingura de vin de orez sau sherry uscat

2,5 ml / ¬Ω linguriță de zahăr

2,5 ml / ¬Ω linguriță de sare

10 ml / 2 linguri faina de porumb (amidon de porumb)

30 ml / 2 linguri de apă

Se încălzește jumătate din ulei și se prăjește carnea timp de 1 minut. Scoateți din tigaie. Se încălzește uleiul rămas și se prăjește țelina, ceapa, eșapa și ghimbirul până se înmoaie ușor. Se pune carnea înapoi în tigaie cu sosul de soia, vinul sau sherry, zahărul și sare, se aduce la fierbere și se fierbe. Combinați făina de porumb și apa, amestecați în tigaie și fierbeți până când sosul se îngroașă. Serviți deodată.

Carne de vită feliată cu pui și țelină

pentru 4 persoane

4 ciuperci chinezești uscate

45 ml / 3 linguri ulei de arahide (ulei de arahide)

2 catei de usturoi, tocati marunt

1 rădăcină de ghimbir feliată, tocată mărunt

5 ml/1 lingurita de sare

100 g / 4 oz carne slabă, tăiată fâșii

100 g pui tăiat fâșii

2 morcovi, tăiați fâșii

2 tulpini de țelină, tăiate fâșii

4 eșalote, tăiate fâșii

5 ml/1 lingurita de zahar

5 ml/1 lingurita sos de soia

5 ml / 1 linguriță vin de orez sau sherry uscat
45 ml / 3 linguri de apă
5 ml / 1 lingurita faina de porumb (amidon de porumb)

Înmuiați ciupercile în apă caldă timp de 30 de minute, apoi filtrați. Aruncați tulpinile și tăiați vârfurile. Încinge uleiul și prăjește usturoiul, ghimbirul și sarea până se rumenesc ușor. Adăugați carnea de vită și pui și gătiți până când începe să se rumenească. Adaugati telina, ceapa primavara, zaharul, sosul de soia, vinul sau sherry si apa si aduceti la fiert. Acoperiți și fierbeți timp de aproximativ 15 minute până când carnea este fragedă. Se amestecă nisipul de porumb cu puțină apă, se amestecă cu sosul și se fierbe până se îngroașă sosul.

Carne de vită cu chili

pentru 4 persoane
450 g muschiu, taiat fasii
45 ml / 3 linguri de sos de soia
15 ml/1 lingura de vin de orez sau sherry uscat

15 ml/1 lingura de zahar brun

15 ml / 1 lingura radacina de ghimbir tocata marunt

30 ml / 2 linguri ulei de arahide

50 g muguri de bambus, tăiaţi în fâşii

1 ceapa taiata fasii

1 baton de telina, taiat in betisoare de chibrit

2 ardei iute roşii, fără miez şi tăiaţi fâşii

120 ml / 4 fl oz / ¬Ω cană de supă de pui

15 ml / 1 lingură făină de porumb (amidon de porumb)

Pune friptura într-un castron. Combinaţi sosul de soia, vinul sau sherry, zahărul şi ghimbirul şi amestecaţi în friptură. Lasam la marinat 1 ora. Scoateţi friptura din marinadă. Se încălzeşte jumătate din ulei şi se prăjesc lăstarii de bambus, ceapa, ţelina şi chili timp de 3 minute, apoi se scot din tigaie. Încinge uleiul rămas şi prăjeşte friptura timp de 3 minute. Adaugam marinata, aducem la fiert si adaugam legumele prajite. Gatiti, amestecand, timp de 2 minute. Se amestecă bulionul şi mălaiul şi se toarnă în tigaie. Aduceţi la fiert şi gătiţi, amestecând, până când sosul se limpezeşte şi se îngroaşă.

Varză chinezească de vită

pentru 4 persoane

225 g / 8 oz carne de vită slabă

30 ml / 2 linguri ulei de arahide

350 g/12 oz bok choy, ras

120 ml / 4 fl oz / ¬Ω cană bulion de vită

sare si piper proaspat macinat

10 ml / 2 linguri faina de porumb (amidon de porumb)

30 ml / 2 linguri de apă

Tăiați carnea în felii subțiri împotriva bobului. Încinge uleiul și prăjește carnea până se rumenește. Adăugați bok choy și prăjiți până se înmoaie ușor. Se adauga bulionul, se aduce la fierbere, se condimenteaza cu sare si piper. Acoperiți și fierbeți timp de 4 minute până când carnea este fragedă. Combinați făina de porumb și apa, amestecați în tigaie și amestecați până când sosul se îngroașă.

Friptură de vită Suey

pentru 4 persoane

3 tulpini de telina, feliate

100 g / 4 oz fasole

100 g / 4 oz buchete de broccoli

60 ml / 4 linguri ulei de arahide

3 ceapa primavara (ceapa), tocata marunt

2 catei de usturoi, tocati marunt

1 felie radacina de ghimbir, tocata

225 g / 8 oz carne slabă, tăiată fâșii

45 ml / 3 linguri de sos de soia

15 ml/1 lingura de vin de orez sau sherry uscat

5 ml/1 lingurita de sare

2,5 ml / ¬Ω linguriță de zahăr

piper proaspăt măcinat

15 ml / 1 lingură făină de porumb (amidon de porumb)

Se fierbe țelina, fasolea și broccoli în apă clocotită timp de 2 minute, apoi se scurg și se usucă. Se încălzesc 45 ml / 3 linguri de ulei și se prăjesc ceapa, usturoiul și ghimbirul până se rumenesc ușor. Adăugați carnea și prăjiți timp de 4 minute. Scoateți din tigaie. Încinge uleiul rămas și prăjește legumele timp de 3 minute. Se adauga carnea, sosul de soia, vinul sau sherry, sare, zaharul si un praf de piper si se prajesc 2 minute. Făina de porumb se amestecă cu puțină apă, se toarnă în tigaie și se fierbe, amestecând, până când sosul se limpezește și se îngroașă.

Vițel cu castraveți

pentru 4 persoane

450g/1lb friptură de muschi, feliată subțire

45 ml / 3 linguri de sos de soia
30 ml / 2 linguri faina de porumb (amidon de porumb)
60 ml / 4 linguri ulei de arahide
2 castraveți, curățați de coajă, fără miez și feliați
60 ml / 4 linguri supa de pui
30 ml / 2 linguri vin de orez sau sherry uscat
sare si piper proaspat macinat

Pune friptura într-un castron. Amestecați sosul de soia și făina de porumb și adăugați-le la friptură. Se lasa la marinat 30 de minute. Se încălzește jumătate din ulei și se prăjește castraveții timp de 3 minute până când se opace, apoi se scoate din tigaie. Încinge uleiul rămas și prăjește friptura până se rumenește. Se adauga castravetele si se prajesc 2 minute. Adăugați bulion, vin sau sherry și asezonați cu sare și piper. Aduceți la fierbere, acoperiți și fierbeți timp de 3 minute.

Chow Mein de vită

pentru 4 persoane

750 g / 1 ¬Ω lira muschi de vita

2 cepe

45 ml / 3 linguri de sos de soia

45 ml / 3 linguri vin de orez sau sherry uscat

15 ml / 1 lingura unt de arahide

5 ml/1 lingurita suc de lamaie

350 g / 12 oz paste cu ou

60 ml / 4 linguri ulei de arahide

175 ml / 6 fl oz / ¬œ cană bulion de pui

15 ml / 1 lingură făină de porumb (amidon de porumb)

30 ml / 2 linguri sos de stridii

4 ceapa primavara (ceapa), tocata marunt

3 tulpini de telina, feliate

100 g de ciuperci, feliate

1 ardei verde taiat fasii

100 g / 4 oz fasole

Tăiați și îndepărtați grăsimea din carne. Tăiați în felii subțiri de-a lungul bobului. Tăiați ceapa în felii, separați straturile. Amestecați 15 ml / 1 lingură sos de soia cu 15 ml / 1 lingură vin sau sherry, unt de arahide și suc de lămâie. Adăugați carnea, acoperiți și lăsați să se odihnească 1 oră. Fierbe pastele în apă clocotită aproximativ 5 minute sau până se înmoaie.

Scurgeți bine. Se încălzește 15 ml/1 lingură ulei, se adaugă 15 ml/1 lingură sos de soia și aluatul și se prăjește timp de 2 minute până devine ușor auriu. Se pune pe o plită încinsă.

Amestecați sosul de soia rămas și vinul sau sherry cu bulionul, făina de porumb și sosul de stridii. Încinge 15 ml / 1 lingură de ulei și prăjește ceapa timp de 1 minut. Adăugați țelina, ciupercile, ardeiul și fasolea și prăjiți timp de 2 minute. Scoateți din wok. Se încălzește uleiul rămas și se prăjește carnea până se rumenește. Adăugați bulionul, aduceți la fierbere, acoperiți și fierbeți timp de 3 minute. Reveniți legumele în wok și gătiți, amestecând, timp de aproximativ 4 minute, până se încălzesc. Turnați amestecul peste paste și serviți.

file de castravete

pentru 4 persoane
450 g / 1 lb friptură de muschi
10 ml / 2 linguri faina de porumb (amidon de porumb)
10 ml / 2 lingurițe de sare
2,5 ml / ¬Ω lingurita piper proaspat macinat
90 ml / 6 linguri ulei de arahide (ulei de arahide)
1 ceapa tocata marunt

1 castravete, curatat de coaja si feliat
120 ml / 4 fl oz / ¬Ω cană bulion de vită

Tăiați fileul în fâșii și apoi în felii subțiri în raport cu ochiul. Se pune intr-un bol si se adauga amidonul de porumb, sare, piper si jumatate din ulei. Se lasa la marinat 30 de minute. Se încălzește uleiul rămas și se prăjește carnea și ceapa până se rumenesc ușor. Adăugați castravetele și supa, aduceți la fierbere, acoperiți și fierbeți timp de 5 minute.

Roast beef curry

pentru 4 persoane

45 ml / 3 linguri de unt
15 ml / 1 lingură pudră de curry
45 ml / 3 linguri făină simplă (toate scopuri)
375 ml / 13 fl oz / 1 Ω cană de lapte
15 ml/1 lingura sos de soia
sare si piper proaspat macinat
450 g / 1 lb carne de vită fiartă, tocată
100 g / 4 oz mazăre
2 morcovi, tocați mărunt
2 cepe tocate marunt
225 g / 8 oz orez cu bob lung, fierbinte

1 ou fiert tare (fiert), feliat

Topiți untul, adăugați praful de curry și făina și gătiți timp de 1 minut. Adăugați laptele și sosul de soia, aduceți la fiert și fierbeți timp de 2 minute, amestecând. Adăugați sare și piper. Adăugați carnea de vită, mazărea, morcovii și ceapa și amestecați bine pentru a se îmbrăca cu sosul. Adăugați orezul, apoi transferați amestecul într-o tavă de copt și coaceți în cuptorul preîncălzit la 200°C pentru 20 de minute, până când legumele sunt moi. Serviți cu felii de ou fiert tare.

Pui cu muguri de bambus

pentru 4 persoane

45 ml / 3 linguri ulei de arahide (ulei de arahide)
1 catel de usturoi zdrobit
1 ceapă primăvară (ceapă), tocată mărunt
1 felie radacina de ghimbir, tocata
225 g / 8 oz piept de pui feliat
225 g muguri de bambus, tăiați în chipsuri
45 ml / 3 linguri de sos de soia
15 ml/1 lingura de vin de orez sau sherry uscat
5 ml / 1 lingurita faina de porumb (amidon de porumb)

Încinge uleiul și prăjește usturoiul, ceapa primăvară și ghimbirul până se rumenesc ușor. Adăugați puiul și prăjiți timp de 5 minute. Adăugați lăstarii de bambus și prăjiți timp de 2 minute. Adăugați sosul de soia, vinul sau sherry și făina de porumb și soțiți până când puiul este fraged, aproximativ 3 minute.

șuncă aburită

6-8

900 g / 2 kilograme de șuncă proaspătă
30 ml / 2 linguri de zahăr brun
60 ml / 4 linguri vin de orez sau sherry uscat

Puneți șunca într-un vas termorezistent pe grătar, acoperiți și fierbeți la abur peste apă clocotită timp de cca. timp de 1 oră. Adăugați zahăr și vin sau sherry în oală, acoperiți și fierbeți încă 1 oră sau până când șunca este fiartă. Se lasa la racit in bol inainte de a taia.

Bacon cu varza

pentru 4 persoane

4 felii de bacon, taiate cubulete si tocate
2,5 ml / ½ linguriță de sare
1 felie radacina de ghimbir, tocata
½ varză, tocată
75 ml / 5 linguri supa de pui
15 ml/1 lingura sos de stridii

Prăjiți baconul până devine crocant, apoi scoateți-l din tigaie. Adăugați sare și ghimbir și prăjiți timp de 2 minute. Se adauga varza si se pasa bine, apoi se adauga baconul si bulionul, se acopera si se fierbe cca. 5 minute până când varza este moale, dar totuși ușor crocantă. Adăugați sosul de stridii, acoperiți și fierbeți timp de 1 minut înainte de servire.

Pui cu migdale

Pentru 4-6 portii

375 ml / 13 fl oz / 1½ cani supa de pui

60 ml / 4 linguri vin de orez sau sherry uscat

45 ml / 3 linguri faina de porumb (amidon de porumb)

15 ml/1 lingura sos de soia

4 piept de pui

1 albus de ou

2,5 ml / ½ linguriță de sare

ulei pentru prajit

75 g / 3 oz / ½ cană migdale albite

1 morcov mare, tocat mărunt

5 ml / 1 linguriță rădăcină de ghimbir rasă

6 ceapa primavara (ceapa), taiata felii

3 tulpini de telina, feliate

100 g de ciuperci, feliate

100 g / 4 oz muguri de bambus, feliați

Într-o cratiță, combinați bulionul, jumătate din vin sau sherry, 30 ml / 2 linguri de porumb și sosul de soia. Se aduce la fierbere amestecând, apoi se fierbe timp de 5 minute până când amestecul se îngroașă. Se ia de pe foc si se tine la cald.

Scoateți pielea și oasele de la pui și tăiați-le în bucăți de 1/1 inch. Amestecați vinul sau sherry-ul rămas cu amidonul de porumb, albușul de ou și sarea, adăugați bucățile de pui și amestecați bine. Încinge uleiul și prăjește bucățile de pui aproximativ 5 minute până se rumenesc. Scurgeți bine. Scoateți tot, cu excepția 30 ml / 2 linguri de ulei din tigaie și prăjiți migdalele timp de 2 minute până se rumenesc. Scurgeți bine. Adăugați morcovul și ghimbirul în tigaie și prăjiți timp de 1 minut. Se adauga restul de legume si se calesc timp de aproximativ 3 minute, pana cand legumele sunt fragede, dar inca crocante. Puneți puiul și migdalele în tigaia cu sosul și amestecați la foc mediu câteva minute până se încălzesc.

Pui cu migdale si castane de apa

pentru 4 persoane

6 ciuperci chinezești uscate

4 bucăți de pui dezosate

100 g / 4 oz migdale măcinate

sare si piper proaspat macinat

60 ml / 4 linguri ulei de arahide

100 g / 4 oz castane de apă, feliate

75 ml / 5 linguri supa de pui

30 ml/2 linguri de sos de soia

Înmuiați ciupercile în apă caldă timp de 30 de minute, apoi filtrați. Aruncați tulpinile și tăiați vârfurile. Tăiați pieptul de pui în felii subțiri. Se condimentează generos migdalele cu sare și piper și se presară migdalele peste feliile de pui. Încinge uleiul și prăjește puiul până se rumenește ușor. Adăugați ciupercile, castanele de apă, bulionul și sosul de soia, aduceți la fiert, acoperiți cu un capac și fierbeți câteva minute până când puiul este fraged.

Pui cu migdale si legume

pentru 4 persoane

75 ml / 5 linguri ulei de arahide (ulei de arahide)

4 felii rădăcină de ghimbir, tocate

5 ml/1 lingurita de sare

100 g / 4 oz bok choy, ras

50 g muguri de bambus, tăiați cubulețe

50 g de ciuperci, tocate mărunt

2 tulpini de telina, tocate

3 castane de apa, tocate

120 ml / 4 fl oz / ½ cană bulion de pui

225 g piept de pui, taiat cubulete

15 ml/1 lingura de vin de orez sau sherry uscat

50 g mazăre de zăpadă (mazăre)

100 g / 4 oz migdale mărunțite, prăjite

10 ml / 2 linguri faina de porumb (amidon de porumb)

15 ml/1 lingura de apa

Se încălzește jumătate din ulei și se prăjește ghimbirul și sarea timp de 30 de secunde. Se adauga varza, lastarii de bambus, ciupercile, telina si castanele de apa si se prajesc 2 minute.

Adăugați supa, aduceți la fierbere, acoperiți și fierbeți timp de 2 minute. Scoateți legumele și sosul din tigaie. Încinge uleiul rămas și prăjește puiul timp de 1 minut. Adăugați vinul sau sherry și căleți timp de 1 minut. Întoarceți legumele în tigaia cu mazărea de zăpadă și migdalele și le puneți la sot timp de 30 de secunde. Se amestecă făina de porumb și apa până la o pastă, se amestecă cu sosul și se fierbe până când sosul se îngroașă.

pui cu anason

pentru 4 persoane

75 ml / 5 linguri ulei de arahide (ulei de arahide)

2 cepe tocate marunt

1 catel de usturoi tocat

2 felii de rădăcină de ghimbir, tocate

15 ml / 1 lingură de făină universală

30 ml / 2 linguri praf de curry

450 g/1 lb pui, tăiat cubulețe

15 ml/1 lingura de zahar

30 ml/2 linguri de sos de soia

450 ml / ¾ pt / 2 cesti supa de pui

2 cuișoare de anason stelat

225 g / 8 oz cartofi, tăiați cubulețe

Se incinge jumatate din ulei si se caleste ceapa pana devine usor aurie, apoi se scoate din tigaie. Încinge uleiul rămas și prăjește usturoiul și ghimbirul timp de 30 de secunde. Adăugați făina și praful de curry și gătiți timp de 2 minute. Ceapa se pune înapoi în tigaie, se adaugă puiul și se prăjește timp de 3 minute. Adăugați zahărul, sosul de soia, bulionul și anasonul, aduceți la fiert, acoperiți și fierbeți timp de 15 minute. Adăugați cartofii, aduceți din nou la fiert, acoperiți și fierbeți încă 20 de minute până se înmoaie.

Pui cu caise

pentru 4 persoane

4 bucati de pui
sare si piper proaspat macinat
un praf de ghimbir macinat
60 ml / 4 linguri ulei de arahide
225 g/8 oz conserve de caise, tăiate la jumătate
300 ml / ½ pt / 1¼ cani sos dulce-acru
30 ml / 2 linguri fulgi de migdale, prajiti

Asezonați puiul cu sare, piper și ghimbir. Încinge uleiul și prăjește puiul până se rumenește ușor. Acoperiți și gătiți până se înmoaie, întorcându-le din când în când, timp de aproximativ 20 de minute. Scurgeți uleiul. Adăugați caisele și sosul în tigaie, aduceți la fierbere, acoperiți și fierbeți timp de aproximativ 5 minute sau până când se încălzesc. Decorați cu migdale tăiate.

Pui cu sparanghel

pentru 4 persoane

45 ml / 3 linguri ulei de arahide (ulei de arahide)

5 ml/1 lingurita de sare

1 catel de usturoi zdrobit

1 ceapă primăvară (ceapă), tocată mărunt

1 piept de pui feliat

30 ml / 2 linguri de sos de fasole neagra

350 g / 12 oz sparanghel, tăiat în bucăți de 2,5 cm / 1

120 ml / 4 fl oz / ½ cană bulion de pui

5 ml/1 lingurita de zahar

15 ml / 1 lingură făină de porumb (amidon de porumb)

45 ml / 3 linguri de apă

Se încălzește jumătate din ulei și se prăjește în sare, usturoi și ceapă până se rumenesc ușor. Adăugați puiul și prăjiți până la lumină. Adăugați sosul de fasole neagră și amestecați pentru a acoperi puiul. Adăugați sparanghelul, bulionul și zahărul, aduceți la fierbere, acoperiți și fierbeți timp de 5 minute până când puiul este fraged. Amestecați făina de porumb și apa până devine o pastă, adăugați-o în tigaie și fierbeți, amestecând, până când sosul se limpezește și se îngroașă.

Pui cu vinete

pentru 4 persoane

225 g / 8 oz pui, feliat
15 ml/1 lingura sos de soia
15 ml/1 lingura de vin de orez sau sherry uscat
15 ml / 1 lingură făină de porumb (amidon de porumb)
1 vinete (vinete), curatata de coaja si taiata fasii
30 ml / 2 linguri ulei de arahide
2 ardei iute roşu uscat
2 catei de usturoi, tocati marunt
75 ml / 5 linguri supa de pui

Pune puiul într-un castron. Se amestecă sosul de soia, vinul sau sherry şi amidonul de porumb împreună, se adaugă la pui şi se lasă să stea timp de 30 de minute. Se fierb vinetele in apa clocotita timp de 3 minute, apoi se scurg bine. Se încălzeşte uleiul şi se prăjeşte ardeii până se întunecă, apoi se scoate şi se aruncă. Se adauga usturoiul si puiul si se prajesc pana se coloreaza usor. Adăugaţi bulionul şi vinetele, aduceţi la fiert, acoperiţi şi fierbeţi timp de 3 minute, amestecând din când în când.

Pui Rulate cu Bacon

Pentru 4-6 portii

225 g / 8 oz pui, tăiat cubulețe
30 ml/2 linguri de sos de soia
15 ml/1 lingura de vin de orez sau sherry uscat
5 ml/1 lingurita de zahar
5 ml/1 lingurita ulei de susan
sare si piper proaspat macinat
225 g / 8 oz felie de bacon
1 ou, batut usor
100 g / 4 oz făină universală
ulei pentru prajit
4 roșii, feliate

Amestecați puiul cu sos de soia, vin sau sherry, zahăr, ulei de susan, sare și piper. Acoperiți și marinați timp de 1 oră, amestecând din când în când, apoi îndepărtați puiul și aruncați marinada. Tăiați slănina în bucăți și presărați peste cubulețele de pui. Bateți oul cu făina într-un aluat tare, dacă este necesar, adăugați puțin lapte. Înmuiați cuburile în masă. Încinge uleiul și prăjește cuburile până se rumenesc și se prăjesc adânc. Se serveste ornat cu rosii.

Pui cu muguri de fasole

pentru 4 persoane

45 ml / 3 linguri ulei de arahide (ulei de arahide)
1 catel de usturoi zdrobit
1 ceapă primăvară (ceapă), tocată mărunt
1 felie radacina de ghimbir, tocata
225 g / 8 oz piept de pui feliat
225 g / 8 oz fasole
45 ml / 3 linguri de sos de soia
15 ml/1 lingura de vin de orez sau sherry uscat
5 ml / 1 lingurita faina de porumb (amidon de porumb)

Încinge uleiul și prăjește usturoiul, ceapa primăvară și ghimbirul până se rumenesc ușor. Adăugați puiul și prăjiți timp de 5 minute. Adăugați fasolea și prăjiți timp de 2 minute. Adăugați sosul de soia, vinul sau sherry și făina de porumb și soțiți până când puiul este fraged, aproximativ 3 minute.

Pui cu sos de fasole neagra

pentru 4 persoane

30 ml / 2 linguri ulei de arahide

5 ml/1 lingurita de sare

30 ml / 2 linguri de sos de fasole neagra

2 catei de usturoi, tocati marunt

450 g/1 lb pui tăiat cubulețe

250 ml / 8 fl oz / 1 cană de stoc

1 ardei verde taiat cubulete

1 ceapa tocata marunt

15 ml/1 lingura sos de soia

piper proaspăt măcinat

15 ml / 1 lingură făină de porumb (amidon de porumb)

45 ml / 3 linguri de apă

Se încălzește uleiul și se prăjește în sare, fasole neagră și usturoi timp de 30 de secunde. Adăugați puiul și prăjiți până se rumenește ușor. Adăugați bulionul, aduceți la fierbere, acoperiți și fierbeți timp de 10 minute. Adăugați ardeiul gras, ceapa, sosul de soia și boia de ardei, acoperiți și fierbeți încă 10 minute. Amestecați făina de porumb și apa până la o pastă, adăugați sosul și fierbeți, amestecând, până când sosul se îngroașă și puiul este fraged.

Pui cu broccoli

pentru 4 persoane
450 g/1 lb pui tăiat cubulețe
225 g / 8 oz ficat de pui
45 ml / 3 linguri făină simplă (toate scopuri)
45 ml / 3 linguri ulei de arahide (ulei de arahide)
1 ceapa taiata cubulete
1 ardei rosu, taiat cubulete
1 ardei verde taiat cubulete
225 g / 8 oz buchete de broccoli
4 felii de ananas, tocate
30 ml / 2 linguri pasta de tomate (paste)
Am pastrat 30 ml/2 linguri de sos
30 ml / 2 linguri de miere
30 ml/2 linguri de sos de soia
300 ml / ½ pt / 1¼ cani supa de pui
10 ml / 2 lingurițe ulei de susan

Amestecați ficatul de pui și ficatul de pui în făină. Se încălzește uleiul și se prăjește ficatul timp de 5 minute, apoi se scoate din tigaie. Adăugați puiul, acoperiți și gătiți la foc moderat timp de 15 minute, amestecând din când în când. Se adauga legumele si ananasul si se prajesc 8 minute. Reveniți ficații în wok, adăugați celelalte ingrediente și aduceți la fierbere. Gatiti la foc mic, amestecand, pana se ingroasa sosul.

Pui cu varza si alune

pentru 4 persoane

45 ml / 3 linguri ulei de arahide (ulei de arahide)

30 ml / 2 linguri de arahide

450 g/1 lb pui tăiat cubulețe

½ varză, tocată

15 ml/1 lingura sos de fasole neagra

2 ardei iute roșii, tăiați mărunt

5 ml/1 lingurita de sare

Se incinge putin ulei si se prajesc alunele cateva minute, amestecand continuu. Scoateți, scurgeți și tocați. Se încălzește uleiul rămas și se prăjește puiul și varza până se rumenesc ușor. Scoateți din tigaie. Adăugați sosul de fasole neagră și chili și prăjiți timp de 2 minute. Pune puiul si varza in tigaia cu alunele macinate si asezoneaza cu sare. Coaceți până se încălzește, apoi serviți imediat.

Pui Caju

pentru 4 persoane

30 ml/2 linguri de sos de soia

30 ml / 2 linguri faina de porumb (amidon de porumb)

15 ml/1 lingura de vin de orez sau sherry uscat

350 g / 12 oz pui, tăiat cubulețe

45 ml / 3 linguri ulei de arahide (ulei de arahide)

2,5 ml / ½ linguriță de sare

2 catei de usturoi, tocati marunt

225 g ciuperci, feliate

100 g / 4 oz castane de apă, feliate

100 g / 4 oz muguri de bambus

50 g mazăre de zăpadă (mazăre)

225 g / 8 oz / 2 căni de caju

300 ml / ½ pt / 1¼ cani supa de pui

Amestecați sosul de soia, amidonul de porumb și vinul sau sherry, turnați peste pui, acoperiți și marinați cel puțin 1 oră. Se incinge 30 ml/2 linguri de ulei cu sare si usturoi si se prajesc pana se rumeneste usor usturoiul. Adăugați puiul cu marinada și gătiți timp de 2 minute până când puiul se rumenește ușor. Adăugați ciupercile, castanele de apă, lăstarii de bambus și mazărea de zahăr și prăjiți timp de 2 minute. Între timp, încălziți uleiul rămas într-o tigaie separată și prăjiți caju-urile până se rumenesc în câteva minute. Adăugați în tigaia cu bulion, aduceți la fierbere, acoperiți și fierbeți timp de 5 minute. Dacă sosul nu s-a îngroșat suficient, adăugați o lingură mică de făină de porumb amestecată cu apă și amestecați până când sosul se îngroașă și devine transparent.

Pui cu castane

pentru 4 persoane

225 g / 8 oz pui, feliat

5 ml/1 lingurita de sare

15 ml/1 lingura sos de soia

ulei pentru prajit

250 ml / 8 fl oz / 1 cană bulion de pui

200 g / 7 oz castane de apă, tocate

225 g / 8 oz castane, tocate

225 g ciuperci, tăiate în sferturi

15 ml/1 lingura patrunjel proaspat tocat

Stropiți puiul cu sare și sos de soia și frecați bine puiul. Se încălzește uleiul și se prăjește pieptul de pui până se rumenește, se scoate și se scurge. Puiul se pune in tigaia cu supa, se aduce la fiert si se fierbe 5 minute. Se adaugă castane de apă, castane și ciuperci, se acoperă și se fierbe cca. 20 de minute până când totul este moale. Se servesc ornat cu patrunjel.

Pui picant

pentru 4 persoane

350 g/1 lb pui, tăiat cubulețe

1 ou, batut usor

10 ml / 2 linguri de sos de soia

2,5 ml / ½ linguriță făină de porumb (amidon de porumb)

ulei pentru prajit

1 ardei verde taiat cubulete

4 catei de usturoi, tocati marunt

2 ardei iute roșii, rasi

5 ml / 1 lingurita piper proaspat macinat

5 ml/1 lingurita otet de vin

5 ml/1 lingurita de apa

2,5 ml / ½ linguriță de zahăr

2,5 ml / ½ linguriță ulei de chili

2,5 ml / ½ linguriță ulei de susan

Se amestecă puiul cu oul, jumătate din sosul de soia și amidonul de porumb, apoi se lasă să stea 30 de minute. Se încălzește uleiul și se prăjește pieptul de pui până se rumenește, apoi se scurge bine. Turnați în tigaie toate, cu excepția 15 ml/1 lingură de ulei, adăugați piper, usturoi și ardei iute și prăjiți timp de 30 de secunde. Adăugați piper, oțet de vin, apă și zahăr și căliți timp de 30 de secunde. Întoarceți puiul în tigaie și gătiți câteva minute până când este fiert. Se serveste stropita cu chili si ulei de susan.

Pui prajit cu chili

pentru 4 persoane

225 g / 8 oz pui, feliat

2,5 ml / ½ linguriță sos de soia

2,5 ml / ½ linguriță ulei de susan

2,5 ml / ½ linguriță vin de orez sau sherry uscat

5 ml / 1 lingurita faina de porumb (amidon de porumb)

sare

45 ml / 3 linguri ulei de arahide (ulei de arahide)

100 g / 4 oz spanac

4 ceapa primavara (ceapa), tocata marunt

2,5 ml / ½ linguriță pudră de chili

15 ml/1 lingura de apa

1 roşie feliată

Amestecați puiul cu sos de soia, ulei de susan, vin sau sherry, jumătate din amidon de porumb şi un praf de sare. Lăsați să stea timp de 30 de minute. Încinge 15 ml/1 lingură de ulei şi prăjeşte puiul până se rumeneşte uşor. Scoateți din wok. Încinge 15 ml/1 lingură de ulei şi prăjeşte spanacul până se înmoaie, apoi se scoate din wok. Se încălzeşte uleiul rămas şi se prăjeşte ceapa, praful de chili, apa şi făina de porumb rămasă timp de 2 minute. Adăugați puiul și prăjiți repede. Aranjați spanacul în jurul unei plite încinse, puneți puiul deasupra și serviți cu roșii.

Chicken Suey

pentru 4 persoane

100 g frunze chinezești, răzuite

100 g muguri de bambus, tăiați în fâșii

60 ml / 4 linguri ulei de arahide

3 cepe primare (ceapa), taiate felii

2 catei de usturoi, tocati marunt

1 felie radacina de ghimbir, tocata

225 g piept de pui taiat fasii

45 ml / 3 linguri de sos de soia

15 ml/1 lingura de vin de orez sau sherry uscat

5 ml/1 lingurita de sare

2,5 ml / ½ linguriță de zahăr

piper proaspăt măcinat

15 ml / 1 lingură făină de porumb (amidon de porumb)

Albiți frunzele chinezești și lăstarii de bambus în apă clocotită timp de 2 minute. Scurgeți și uscați. Se încălzesc 45 ml / 3 linguri de ulei și se prăjesc ceapa, usturoiul și ghimbirul până se rumenesc ușor. Adăugați puiul și prăjiți timp de 4 minute. Scoateți din tigaie. Încinge uleiul rămas și prăjește legumele timp de 3 minute. Adăugați puiul, sosul de soia, vinul sau sherry, sare, zahărul și un praf de piper și căleți timp de 1 minut. Se amestecă făina de porumb cu puțină apă, se amestecă în sos și se fierbe, amestecând, până când sosul se limpezește și se îngroașă.

mein de pui

pentru 4 persoane

30 ml / 2 linguri ulei de arahide

2 catei de usturoi, tocati marunt

450g/1lb pui, feliat

225 g / 8 oz muguri de bambus, feliați

100 g / 4 oz țelină, feliată

225 g ciuperci, feliate

450 ml / ¾ pt / 2 cesti supa de pui

225 g / 8 oz fasole

4 cepe, feliate

30 ml/2 linguri de sos de soia

30 ml / 2 linguri faina de porumb (amidon de porumb)

225 g / 8 oz tăiței chinezești uscati

Se incinge uleiul cu usturoiul pana se rumeneste usor, apoi se adauga puiul si se prajeste pana se rumeneste usor in 2 minute. Adăugați lăstarii de bambus, țelina și ciupercile și prăjiți timp de 3 minute. Adăugați cea mai mare parte din bulion, aduceți la fierbere, acoperiți și fierbeți timp de 8 minute. Adăugați fasolea și ceapa și gătiți, amestecând, timp de 2 minute, până rămâne puțin bulion. Se amestecă bulionul rămas cu sosul de soia și amidonul de porumb. Se amestecă în tigaie și se fierbe, amestecând, până când sosul este ușor și se îngroașă.

Intre timp, fierbe pastele in apa clocotita cu sare timp de cateva minute conform instructiunilor de pe ambalaj. Se scurge bine, se amestecă puiul cu amestecul și se servește imediat.

Pui crocant condimentat

pentru 4 persoane

450 g / 1 lb pui, tăiat în bucăți

30 ml/2 linguri de sos de soia

30 ml/2 linguri de sos de prune

45 ml / 3 linguri chutney de mango

1 catel de usturoi zdrobit

2,5 ml / ½ linguriță ghimbir măcinat

câteva picături de coniac

30 ml / 2 linguri faina de porumb (amidon de porumb)

2 oua batute

100 g / 4 oz / 1 cană pesmet uscat

30 ml / 2 linguri ulei de arahide

6 eșalote (opate), tocate mărunt

1 ardei rosu, taiat cubulete

1 ardei verde taiat cubulete

30 ml/2 linguri de sos de soia

30 ml / 2 linguri de miere

30 ml / 2 linguri de otet de vin

Pune puiul într-un castron. Amestecați sosurile, chutney-ul, usturoiul, ghimbirul și rachiul, turnați peste pui, acoperiți și marinați timp de 2 ore. Scurgeți puiul și stropiți cu mălai. Ungeți cu ou și apoi cu pesmet. Încinge uleiul și prăjește pieptul de pui până se rumenește. Scoateți din tigaie. Adăugați legumele și prăjiți timp de 4 minute, apoi îndepărtați. Scurgeți uleiul din tigaie, apoi întoarceți puiul și legumele în tigaie cu celelalte ingrediente. Aduceți la fierbere și reîncălziți înainte de servire.

Pui prajit cu castraveti

pentru 4 persoane

225 g / 8 oz pui

1 albus de ou

2,5 ml / ½ linguriță făină de porumb (amidon de porumb)

sare

½ castravete

30 ml / 2 linguri ulei de arahide

100 g / 4 oz ciuperci

50 g muguri de bambus, tăiați în fâșii

50 g / 2 oz șuncă, tăiată cubulețe

15 ml/1 lingura de apa

2,5 ml / ½ linguriță de sare

2,5 ml / ½ linguriță vin de orez sau sherry uscat

2,5 ml / ½ linguriță ulei de susan

Tăiați pieptul de pui în felii și tăiați în felii. Se amestecă cu albușul, amidonul de porumb și sarea și se lasă să stea. Tăiați castravetele în jumătate pe lungime și tăiați în diagonală felii groase. Se încălzește uleiul și se prăjește puiul până se rumenește ușor, apoi se scoate din tigaie. Adăugați castravetele și lăstarul de bambus și prăjiți timp de 1 minut. Puiul se pune înapoi în tigaie cu șunca, apă, sare și vin sau sherry. Se aduce la fierbere și se fierbe până când puiul este fraged. Se serveste stropita cu ulei de susan.

curry de pui cu ardei iute

pentru 4 persoane

120 ml / 4 fl oz / ½ cană ulei de arahide (ulei de arahide)

4 bucati de pui

1 ceapa tocata marunt

5 ml/1 lingurita pudra de curry

5 ml/1 lingurita sos chili

15 ml/1 lingura de vin de orez sau sherry uscat

2,5 ml / ½ linguriță de sare

600 ml / 1 pct / 2½ căni bulion de pui

15 ml / 1 lingură făină de porumb (amidon de porumb)

45 ml / 3 linguri de apă

5 ml/1 lingurita ulei de susan

Încinge uleiul și prăjește bucățile de pui până se rumenesc pe ambele părți, apoi se scot din tigaie. Adăugați ceapa, pudra de curry și sosul de chili și prăjiți timp de 1 minut. Adăugați vinul sau sherry și sare, amestecați bine, apoi puneți puiul înapoi în tigaie și amestecați din nou. Adăugați bulionul, aduceți la fierbere și gătiți aproximativ 30 de minute, până când puiul este fraged. Dacă sosul nu s-a redus suficient, amestecați făina de porumb și apa până la o pastă, adăugați puțin în sos și fierbeți, amestecând, până se îngroașă sosul. Se serveste stropita cu ulei de susan.

curry chinezesc de pui

pentru 4 persoane

45 ml / 3 linguri praf de curry

1 ceapa tocata marunt

350 g / 12 oz pui, tocat

150 ml / ¼ pt / ½ cană generos bulion de pui

5 ml/1 lingurita de sare

10 ml / 2 linguri faina de porumb (amidon de porumb)

15 ml/1 lingura de apa

Se încălzește praful de curry și ceapa într-o tigaie uscată timp de 2 minute, scuturând tigaia pentru a acoperi ceapa. Adăugați puiul și amestecați până când praful de curry este bine acoperit. Adăugați bulion și sare, aduceți la fiert, acoperiți și fierbeți timp de aproximativ 5 minute până când puiul este fraged. Amestecați făina de porumb și apa până devine o pastă, adăugați-o în tigaie și fierbeți, amestecând, până se îngroașă sosul.

curry rapid de pui

pentru 4 persoane

450g/1lb piept de pui, taiat cubulete
45 ml / 3 linguri vin de orez sau sherry uscat
50 g faina de porumb (maizena)
1 albus de ou
sare
150 ml / ¼ pt / ½ cană generos ulei de arahide (arahide)
15 ml / 1 lingură pudră de curry
10 ml / 2 linguri de zahăr brun
150 ml / ¼ pt / ½ cană generos bulion de pui

Se amestecă cuburile de pui și sherry. Rezervați 10 ml / 2 lingurițe făină de porumb. Bateți albușurile spumă cu porumbul rămas și un praf de sare, apoi adăugați puiul până se îmbracă bine. Încinge uleiul și prăjește puiul până se rumenește. Scoateți din tigaie și scurgeți tot, în afară de 15 ml / 1 lingură de ulei. Adăugați făina de porumb rezervată, pudra de curry și zahărul și prăjiți timp de 1 minut. Se adauga bulionul, se aduce la fiert si se fierbe, amestecand continuu, pana se ingroasa sosul. Reveniți puiul în tigaie, amestecați și reîncălziți înainte de servire.

Pui curry cu cartofi

pentru 4 persoane

45 ml / 3 linguri ulei de arahide (ulei de arahide)
2,5 ml / ½ linguriță de sare
1 catel de usturoi zdrobit
750 g pui, taiat cubulete
225 g / 8 oz cartofi, tăiați cubulețe
4 cepe, feliate
15 ml / 1 lingură pudră de curry
450 ml / ¾ pt / 2 cesti supa de pui
225 g ciuperci, feliate

Se încălzește uleiul cu sare și usturoi, se adaugă pieptul de pui și se prăjește până devine ușor auriu. Adăugați cartofii, ceapa și praful de curry și prăjiți timp de 2 minute. Adăugați bulionul, aduceți la fierbere, acoperiți și fierbeți timp de aproximativ 20 de minute până când puiul este fraged, amestecând din când în când. Adăugați ciupercile, îndepărtați capacul și fierbeți încă 10 minute până când lichidul s-a evaporat.

pulpe de pui prajite

pentru 4 persoane

2 pulpe mari de pui, dezosate

2 ceapa primavara (ceapa)

1 felie de ghimbir, tocat

120 ml / 4 fl oz / ½ cană sos de soia

5 ml / 1 linguriță vin de orez sau sherry uscat

ulei pentru prajit

5 ml/1 lingurita ulei de susan

piper proaspăt măcinat

Întindeți puiul și tăiați-l. Bateți 1 ceapă și tocați-l pe cealaltă. Amestecați ceapa zdrobită cu ghimbirul, sosul de soia și vinul sau sherry. Se toarnă peste pui și se lasă la marinat timp de 30 de minute. Scoateți și scurgeți. Se pune pe o farfurie peste un gratar cu abur si se fierbe la abur timp de 20 de minute.

Încinge uleiul și prăjește puiul până se rumenește în aproximativ 5 minute. Se scot din tava, se scurg bine si se taie felii groase, apoi se aseaza feliile pe o farfurie incinsa de servire. Se incinge uleiul de susan, se adauga ceapa tocata si boia de ardei, se toarna peste pui si se serveste.

Pui prajit cu sos de curry

pentru 4 persoane

1 ou, batut usor
30 ml / 2 linguri faina de porumb (amidon de porumb)
25 g / 1 oz / ¼ cană făină universală
2,5 ml / ½ linguriță de sare
225 g / 8 oz pui, tăiat cubulețe
ulei pentru prajit
30 ml / 2 linguri ulei de arahide
30 ml / 2 linguri praf de curry
60 ml / 4 linguri vin de orez sau sherry uscat

Bateți oul cu amidonul de porumb, făina și sarea până se obține o masă groasă. Se toarnă peste pui și se amestecă bine. Se încălzește uleiul și se prăjește pieptul de pui până devine auriu și bine. Între timp, încălziți uleiul și prăjiți praful de curry timp de 1 minut. Adăugați vinul sau sherry și aduceți la fierbere. Așezați puiul pe o foaie de copt și turnați peste el sosul de curry.

pui beat

pentru 4 persoane

450 g / 1 lb file de pui, tăiat în bucăți
60 ml/4 linguri de sos de soia
Am pastrat 30 ml/2 linguri de sos
30 ml/2 linguri de sos de prune
30 ml / 2 linguri de otet de vin
2 catei de usturoi, tocati marunt
putina sare
câteva picături de ulei de chili
2 albusuri
60 ml / 4 linguri faina de porumb (amidon de porumb)
ulei pentru prajit
200 ml / ½ pt / 1¼ cană vin de orez sau sherry uscat

Pune puiul într-un castron. Amestecați sosurile și oțetul de vin, usturoiul, sarea și uleiul de chili, turnați peste pui și marinați la frigider timp de 4 ore. Bate albusurile spuma tare si adauga amidonul de porumb. Scoateți puiul din marinadă și ungeți-l cu amestecul de albușuri. Încinge uleiul și prăjește pieptul de pui până se rumenește. Se scurge bine pe un prosop de hartie si se pune intr-un bol. Turnați peste vin sau sherry, acoperiți și lăsați la frigider timp de 12 ore. Scoateți puiul din vin și serviți rece.

Pui sarat cu oua

pentru 4 persoane

30 ml / 2 linguri ulei de arahide
4 bucati de pui
2 cepe primare (ceapa), tocate marunt
1 catel de usturoi zdrobit
1 felie radacina de ghimbir, tocata
175 ml / 6 fl oz / ¾ cană sos de soia
30 ml / 2 linguri vin de orez sau sherry uscat
30 ml / 2 linguri de zahăr brun
5 ml/1 lingurita de sare
375 ml / 13 fl oz / 1½ cani de apa
4 oua fierte tari
15 ml / 1 lingură făină de porumb (amidon de porumb)

Încinge uleiul și prăjește bucățile de pui până se rumenesc. Adăugați ceapa primăvară, usturoiul și ghimbirul și prăjiți timp de 2 minute. Adăugați sos de soia, vin sau sherry, zahăr și sare și amestecați bine. Adăugați apă, aduceți la fierbere, acoperiți și fierbeți timp de 20 de minute. Adăugați oul fiert tare, acoperiți și gătiți încă 15 minute. Se amestecă făina de porumb cu puțină apă, se amestecă în sos și se fierbe, amestecând, până când sosul se limpezește și se îngroașă.

rulou de ou

pentru 4 persoane

4 ciuperci chinezești uscate

100 g pui tăiat fâșii

5 ml / 1 lingurita faina de porumb (amidon de porumb)

15 ml/1 lingura sos de soia

2,5 ml / ½ linguriță de sare

2,5 ml / ½ linguriță de zahăr

60 ml / 4 linguri ulei de arahide

225 g / 8 oz fasole

3 ceapa primavara (ceapa), tocata marunt

100 g / 4 oz spanac

12 oua rulou piele

1 ou bătut

ulei pentru prajit

Înmuiați ciupercile în apă caldă timp de 30 de minute, apoi filtrați. Aruncați tulpinile și tăiați vârfurile. Pune puiul într-un castron. Se amestecă făina de porumb cu 5 ml / 1 linguriță sos de soia, sare și zahăr și se adaugă la pui. Lasă-l să stea 15 minute. Se încălzește jumătate din ulei și se prăjește puiul până se rumenește ușor. Se fierbe fasolea în apă clocotită timp de 3 minute, apoi se scurge. Se încălzește uleiul rămas și se prăjește ceapa până se rumenește ușor. Adăugați ciupercile, fasolea, spanacul și sosul de soia rămas. Adăugați puiul și prăjiți timp de 2 minute. Lasă-l să se răcească. Asezati putina umplutura in centrul fiecarei coaja si ungeti marginile cu ou batut. Îndoiți părțile laterale, apoi rulați rulourile cu ouă, închizând marginea cu ou. Încinge uleiul și prăjește rulourile cu ouă până devin crocante și aurii.

Pui la abur cu ou

pentru 4 persoane

30 ml / 2 linguri ulei de arahide

4 fileuri de piept de pui taiate fasii

1 ardei rosu taiat fasii

1 ardei verde taiat fasii

45 ml / 3 linguri de sos de soia

45 ml / 3 linguri vin de orez sau sherry uscat

250 ml / 8 fl oz / 1 cană bulion de pui

100 g salata iceberg, tocata

5 ml/1 lingurita de zahar brun

Am pastrat 30 ml/2 linguri de sos

sare piper

15 ml / 1 lingură făină de porumb (amidon de porumb)

30 ml / 2 linguri de apă

4 ouă

30 ml / 2 linguri sherry

Se încălzește uleiul și se prăjește puiul și ardeii până se rumenesc. Adăugați sos de soia, vin sau sherry și bulion, aduceți la fierbere, acoperiți și fierbeți timp de 30 de minute. Se adauga salata, zaharul si sosul hoisin, apoi se condimenteaza cu sare si piper. Se amestecă făina de porumb și apa, se amestecă cu sosul și se aduce la fierbere, amestecând. Bate ouăle cu sherry și prăjește-le ca tortilla subțiri. Se condimenteaza cu sare, piper si se taie fasii. Se aseaza pe un platou incins si se toarna peste pui.

Pui din Orientul Îndepărtat

pentru 4 persoane

60 ml / 4 linguri ulei de arahide

450 g / 1 lb pui, tăiat în bucăți

2 catei de usturoi, tocati marunt

2,5 ml / ½ linguriță de sare

2 cepe tocate marunt

2 fire de ghimbir, tocate

45 ml / 3 linguri de sos de soia

Am pastrat 30 ml/2 linguri de sos

45 ml / 3 linguri vin de orez sau sherry uscat

300 ml / ½ pt / 1¼ cani supa de pui

5 ml / 1 lingurita piper proaspat macinat

6 oua fierte tari, tocate

15 ml / 1 lingură făină de porumb (amidon de porumb)

15 ml/1 lingura de apa

Încinge uleiul și prăjește pieptul de pui până se rumenește. Se adauga usturoiul, sarea, ceapa si ghimbirul si se prajesc 2 minute. Adăugați sos de soia, sos hoisin, vin sau sherry, bulion și piper. Aduceți la fierbere, acoperiți și fierbeți timp de 30 de minute. Adăugați ouăle. Combinați făina de porumb și apa și amestecați în sos. Se aduce la fierbere și se fierbe, amestecând, până se îngroașă sosul.

Pui Foo Yung

pentru 4 persoane

6 oua batute
45 ml / 3 linguri faina de porumb (amidon de porumb)
100 g de ciuperci, tocate grosier
225 g piept de pui, taiat cubulete
1 ceapa tocata marunt
5 ml/1 lingurita de sare
45 ml / 3 linguri ulei de arahide (ulei de arahide)

Bateți oul, apoi adăugați mălaiul. Adăugați toate celelalte ingrediente, cu excepția uleiului. Incalzeste uleiul. Se toarnă amestecul puțin câte una în tigaie pentru a forma clătite mici, de aproximativ 7,5 cm lățime. Coaceți până se rumenește pe fund, apoi întoarceți și coaceți și cealaltă parte.

Şuncă şi pui Foo Yung

pentru 4 persoane

6 oua batute

45 ml / 3 linguri faina de porumb (amidon de porumb)

100 g / 4 oz şuncă, tăiată cubuleţe

225 g piept de pui, taiat cubulete

3 ceapa primavara (ceapa), tocata marunt

5 ml/1 lingurita de sare

45 ml / 3 linguri ulei de arahide (ulei de arahide)

Bateţi oul, apoi adăugaţi mălaiul. Adăugaţi toate celelalte ingrediente, cu excepţia uleiului. Incalzeste uleiul. Se toarnă amestecul puţin câte una în tigaie pentru a forma clătite mici, de aproximativ 7,5 cm lăţime. Coaceţi până se rumeneşte pe fund, apoi întoarceţi şi coaceţi şi cealaltă parte.

Pui prajit cu ghimbir

pentru 4 persoane

1 pui, tăiat în jumătate
4 felii rădăcină de ghimbir, tocate
30 ml / 2 linguri vin de orez sau sherry uscat
30 ml/2 linguri de sos de soia
5 ml/1 lingurita de zahar
ulei pentru prajit

Pune puiul într-un castron puțin adânc. Amestecați ghimbirul, vinul sau sherry, sosul de soia și zahărul, turnați peste pui și frecați în piele. Lasam la marinat 1 ora. Se încălzește uleiul și se prăjește puiul tăiat în jumătate până se rumenește deschis. Scoateți din ulei și lăsați să se răcească puțin în timp ce se încălzește. Transferați puiul în tigaie și gătiți până se rumenește și este fiert. Scurgeți bine înainte de servire.

pui cu ghimbir

pentru 4 persoane

225 g pui, feliat subțire

1 albus de ou

putina sare

2,5 ml / ½ linguriță făină de porumb (amidon de porumb)

15 ml/1 lingura ulei de arahide

10 felii de rădăcină de ghimbir

6 ciuperci, tăiate la jumătate

1 morcov feliat

2 cepe primare (ceapa), taiate felii

5 ml / 1 linguriță vin de orez sau sherry uscat

5 ml/1 lingurita de apa

2,5 ml / ½ linguriță ulei de susan

Amestecați puiul cu albușurile, sarea și amidonul de porumb. Se încălzește jumătate din ulei și se prăjește puiul până se rumenește ușor, apoi se scoate din tigaie. Se încălzește uleiul rămas și se prăjește ghimbirul, ciupercile, morcovii și ceapa timp de 3 minute. Puneti puiul intr-o tigaie cu vinul sau sherry si apa si fierbeti pana cand puiul este fraged. Se serveste stropita cu ulei de susan.

Pui cu ghimbir cu ciuperci si castane

pentru 4 persoane

60 ml / 4 linguri ulei de arahide
225 g / 8 oz ceapă, feliată
450 g/1 lb pui tăiat cubulețe
100 g de ciuperci, feliate
30 ml / 2 linguri de făină universală
60 ml/4 linguri de sos de soia
10 ml / 2 lingurițe de zahăr
sare si piper proaspat macinat
900 ml / 1½ pt / 3¾ cani de apă fierbinte
2 felii de rădăcină de ghimbir, tocate
450 g / 1 lb castane de apă

Se încălzește jumătate din ulei și se prăjește ceapa timp de 3 minute, apoi se scoate din tigaie. Încinge uleiul rămas și prăjește puiul până se rumenește ușor.

Adăugați ciupercile și gătiți timp de 2 minute. Se presară amestecul cu făină, apoi se adaugă sos de soia, zahăr, sare și piper. Se toarnă apă și ghimbir, ceapa și castane. Aduceți la fierbere, acoperiți și fierbeți timp de 20 de minute. Scoateți capacul și continuați să gătiți la foc mic până când sosul scade.

pui auriu

pentru 4 persoane

8 bucăți mici de pui

300 ml / ½ pt / 1¼ cani supa de pui

45 ml / 3 linguri de sos de soia

15 ml/1 lingura de vin de orez sau sherry uscat

5 ml/1 lingurita de zahar

1 rădăcină de ghimbir feliată, tocată mărunt

Puneti toate ingredientele intr-o cratita mare, aduceti la fiert, acoperiti si fierbeti aproximativ 30 de minute pana cand puiul este fraged. Scoateți capacul și continuați să gătiți la foc mic până când sosul scade.

Tocană de pui marinată Dorado

pentru 4 persoane

4 bucati de pui

300 ml / ½ pt / 1¼ cani sos de soia

ulei pentru prajit

4 cepe primare (ceapa), taiate felii groase

1 felie radacina de ghimbir, tocata

2 ardei iute roșii, feliați

3 cuișoare anason stelat

50 g muguri de bambus, feliați

150 ml / 1½ pt / ½ cană generos bulion de pui

30 ml / 2 linguri faina de porumb (amidon de porumb)

60 ml / 4 linguri de apă

5 ml/1 lingurita ulei de susan

Tăiați puiul în bucăți mari și marinați în sos de soia timp de 10 minute. Scoateți și scurgeți, rezervând sosul de soia. Încinge uleiul și prăjește puiul aproximativ 2 minute până se rumenește ușor. Scoateți și scurgeți. Se toarnă cu excepția 30 ml / 2 linguri de ulei, apoi se adaugă ceapa, ghimbirul, ardeiul iute și anasonul stelat și se prăjesc timp de 1 minut. Reveniți puiul în tigaia cu lăstarii de bambus și sosul de soia și adăugați suficient bulion pentru a acoperi puiul. Aduceți la fiert și gătiți aproximativ 10 minute până când puiul este fraged. Scoateți puiul din sos cu o lingură și puneți-l pe o farfurie caldă. Strecurați sosul și puneți-l înapoi în tigaie. Amestecați făina de porumb și apa până obțineți o pastă,

Monezi de aur

pentru 4 persoane

4 file de piept de pui
30 ml / 2 linguri de miere
30 ml / 2 linguri de otet de vin
30 ml / 2 linguri sos de rosii (ketchup)
30 ml/2 linguri de sos de soia
putina sare
2 catei de usturoi, tocati marunt
5 ml / 1 linguriță pudră cu cinci condimente
45 ml / 3 linguri făină simplă (toate scopuri)
2 oua batute
5 ml / 1 linguriță rădăcină de ghimbir rasă
5 ml / 1 linguriță coajă de lămâie rasă
100 g / 4 oz / 1 cană pesmet uscat
ulei pentru prajit

Pune puiul într-un castron. Se amestecă miere, oțet de vin, ketchup, sos de soia, sare, usturoi și praf de cinci condimente. Se toarna peste pui, se amesteca bine, se acopera si se marina la frigider 12 ore.

Scoateți puiul din marinată și tăiați-l în fâșii groase. Se presară cu făină. Bateți ouăle, ghimbirul și coaja de lămâie. Ungeți puiul cu amestecul și apoi pesmetul până se îmbracă uniform. Încinge uleiul și prăjește pieptul de pui până se rumenește.

Pui la abur cu sunca

pentru 4 persoane

4 portii de pui
100 g / 4 oz sunca afumata, tocata
3 ceapa primavara (ceapa), tocata marunt
15 ml/1 lingura ulei de arahide
sare si piper proaspat macinat
15 ml/1 lingura patrunjel plat

Tăiați fileurile de pui în bucăți de 5/1 cm și puneți-le într-o tavă cu șuncă și ceai. Stropiți cu ulei, sare și piper, apoi amestecați cu grijă. Așezați vasul pe grătarul pentru abur, acoperiți și fierbeți peste apă clocotită aproximativ 40 de minute, până când puiul este fraged. Se servesc ornat cu patrunjel.

Pui cu sos Hoisin

pentru 4 persoane

4 fasii de pui, taiate in jumatate

50 g / 2 oz / ½ cană făină de porumb (maizena)

ulei pentru prajit

10 ml / 2 linguriţe rădăcină de ghimbir rasă

2 cepe tocate marunt

225 g / 8 oz buchete de broccoli

1 ardei rosu, tocat

225 g / 8 oz ciuperci

250 ml / 8 fl oz / 1 cană bulion de pui

45 ml / 3 linguri vin de orez sau sherry uscat

45 ml / 3 linguri otet de mere

45 ml / 3 linguri Am pastrat sosul

20 ml / 4 linguri de sos de soia

Ungeţi bucăţile de pui cu jumătate din făină de porumb. Se încălzeşte uleiul şi se prăjesc bucăţile de pui pe rând timp de aproximativ 8 minute până se rumenesc şi sunt fierte. Scoatem din tava si scurgem pe hartie de bucatarie. Scoateţi tot, cu excepţia 30 ml / 2 linguri de ulei din tigaie şi prăjiţi ghimbirul timp de 1 minut. Adăugaţi ceapa şi prăjiţi timp de 1 minut. Se adauga broccoli, ardeiul si ciupercile si se calesc 2 minute. Se amestecă bulionul cu mălaiul rezervat și celelalte ingrediente și se toarnă în tigaie. Aduceți la fierbere, amestecând și gătiți până când sosul devine transparent. Reveniți puiul în wok și gătiți, amestecând, până se încălzește, aproximativ 3 minute.

pui cu miere

pentru 4 persoane

30 ml / 2 linguri ulei de arahide

4 bucati de pui

30 ml/2 linguri de sos de soia

120 ml / 4 fl oz / ½ cană vin de orez sau sherry uscat

30 ml / 2 linguri de miere

5 ml/1 lingurita de sare

1 ceapă primăvară (ceapă), tocată mărunt

1 felie radacina de ghimbir, tocata marunt

Încinge uleiul și prăjește pieptul de pui până se rumenește pe toate părțile. Scurgeți excesul de ulei. Se amestecă celelalte ingrediente și se toarnă în tavă. Aduceți la fierbere, acoperiți și fierbeți timp de aproximativ 40 de minute până când puiul este fraged.

Pui "Kung Pao"

pentru 4 persoane

450 g/1 lb pui, tăiat cubulețe

1 albus de ou

5 ml/1 lingurita de sare

30 ml / 2 linguri faina de porumb (amidon de porumb)

60 ml / 4 linguri ulei de arahide

25 g de chili roșu uscat, tocat mărunt

5 ml / 1 linguriță usturoi tocat

15 ml/1 lingura sos de soia

15 ml / 1 lingură vin de orez sau sherry uscat 5 ml / 1 linguriță zahăr

5 ml/1 lingurita otet de vin

5 ml/1 lingurita ulei de susan

30 ml / 2 linguri de apă

Puiul se pune intr-un castron cu albusurile, sarea si jumatate din amidon de porumb si se lasa la marinat 30 de minute. Se încălzește uleiul și se prăjește puiul până se rumenește ușor, apoi se scoate din tigaie. Se încălzește din nou uleiul și se prăjesc ardeii și usturoiul în el timp de 2 minute. Puiul se pune înapoi în tigaie cu sosul de soia, vinul sau sherry, zahărul, oțetul de vin și uleiul de susan și se fierbe timp de 2 minute. Se amestecă restul de mălai cu apă, se adaugă în tigaie și se fierbe, amestecând, până când sosul devine transparent și gros.

Praz de pui

pentru 4 persoane
30 ml / 2 linguri ulei de arahide
5 ml/1 lingurita de sare
225 g / 8 oz praz, feliat
1 felie radacina de ghimbir, tocata
225 g pui, feliat subțire
15 ml/1 lingura de vin de orez sau sherry uscat
15 ml/1 lingura sos de soia

Se încălzește jumătate din ulei, se prăjește sarea și prazul până devin ușor aurii, apoi se scot din tigaie. Încinge uleiul rămas și prăjește ghimbirul și puiul până se rumenesc ușor. Adăugați vinul sau sherry și sosul de soia și mai soțiți încă 2 minute până când puiul este fraged. Puneți prazul în tigaie și amestecați până se încălzește. Serviți deodată.

Pui cu lamaie

pentru 4 persoane

4 piept de pui dezosat

2 oua

50 g / 2 oz / ½ cană făină de porumb (maizena)

50 g / 2 oz / ½ cană făină universală

150 ml / ¼ pt / ½ cană apă generoasă

ulei de arahide pentru prajit

250 ml / 8 fl oz / 1 cană bulion de pui

60 ml / 5 linguri de suc de lamaie

30 ml / 2 linguri vin de orez sau sherry uscat

30 ml / 2 linguri faina de porumb (amidon de porumb)

30 ml / 2 linguri pasta de tomate (paste)

1 salata

Tăiați fiecare piept de pui în 4 părți. Se amestecă ouăle, amidonul de porumb și făina universală până devine spumoasă, adăugând suficientă apă pentru a face un aluat gros. Puneți bucățile de pui în amestec și amestecați până când sunt bine acoperite. Se încălzește uleiul și se prăjește pieptul de pui până devine auriu și bine.

Între timp, amestecați bulionul, sucul de lămâie, vinul sau sherry, amidonul de porumb și pasta de roșii și aduceți la fierbere ușor, amestecând. Gatiti la foc mic, amestecand continuu, pana cand sosul se ingroasa si devine transparent. Așezați puiul pe o farfurie fierbinte de servire pe un pat de salată verde și turnați dressingul peste el sau serviți-l separat.

Se prăjește puiul cu lămâie

pentru 4 persoane

450g/1lb pui dezosat, feliat

30 ml / 2 linguri de suc de lamaie

15 ml/1 lingura sos de soia

15 ml/1 lingura de vin de orez sau sherry uscat

30 ml / 2 linguri faina de porumb (amidon de porumb)

30 ml / 2 linguri ulei de arahide

2,5 ml / ½ linguriță de sare

2 catei de usturoi, tocati marunt

50 g castane de apă, tăiate fâșii

50 g muguri de bambus, tăiați în fâșii

Frunze chinezești, tăiate în fâșii

60 ml / 4 linguri supa de pui

15 ml / 1 lingura pasta de rosii (paste)

15 ml/1 lingura de zahar

15 ml/1 lingura suc de lamaie

Pune puiul într-un castron. Se amestecă sucul de lămâie, sosul de soia, vinul sau sherry și 15 ml/1 lingură făină de porumb, se toarnă peste pui și se lasă la marinat timp de 1 oră, întorcându-le din când în când.

Se încălzește uleiul, sarea și usturoiul până usturoiul se rumenește ușor, apoi se adaugă puiul și marinada și se fierbe aproximativ 5 minute până când puiul se rumenește ușor. Adăugați castanele de apă, lăstarii de bambus și frunzele chinezești și gătiți încă 3 minute sau până când puiul este fraged. Adaugati restul ingredientelor si caliti aproximativ 3 minute, pana cand sosul devine usor si gros.

Ficat de pui cu muguri de bambus

pentru 4 persoane

225 g / 8 oz ficat de pui, feliat gros
45 ml / 3 linguri vin de orez sau sherry uscat
45 ml / 3 linguri ulei de arahide (ulei de arahide)
15 ml/1 lingura sos de soia
100 g / 4 oz muguri de bambus, feliați
100 g / 4 oz castane de apă, feliate
60 ml / 4 linguri supa de pui
sare si piper proaspat macinat

Amestecați ficații de pui cu vin sau sherry și lăsați să stea 30 de minute. Încinge uleiul și prăjește ficatul de pui până se rumenește ușor. Adăugați marinata, sosul de soia, lăstarii de bambus, castanele de apă și bulionul. Se fierbe si se condimenteaza cu sare si piper. Acoperiți și fierbeți timp de aproximativ 10 minute până se înmoaie.

ficat de pui prajit

pentru 4 persoane

450 g ficat de pui, tăiat în jumătate
50 g / 2 oz / ½ cană făină de porumb (maizena)
ulei pentru prajit

Uscați ficatul de pui, apoi stropiți-l cu făină de porumb și scuturați-l. Încinge uleiul și prăjește ficatul de pui în câteva minute până se rumenește. Scurgeți pe un prosop de hârtie înainte de servire.

Ficat de pui cu mangetout

pentru 4 persoane

225 g / 8 oz ficat de pui, feliat gros
10 ml / 2 linguri faina de porumb (amidon de porumb)
10 ml / 2 linguriţe vin de orez sau sherry uscat
15 ml/1 lingura sos de soia
45 ml / 3 linguri ulei de arahide (ulei de arahide)
2,5 ml / ½ linguriţă de sare
2 felii de rădăcină de ghimbir, tocate
100 g / 4 oz mazăre snap
10 ml / 2 linguri faina de porumb (amidon de porumb)
60 ml / 4 linguri de apă

Puneţi ficaţii de pui într-un castron. Adăugaţi făina de porumb, vinul sau sherry şi sosul de soia şi amestecaţi bine. Se încălzeşte jumătate din ulei, apoi se prăjeşte în sare şi ghimbir până devine uşor auriu. Se adauga mazarea dulce si se prajeste in ulei, apoi se scoate din tigaie. Se încălzeşte uleiul rămas şi se prăjeşte ficatul de pui timp de 5 minute până se rumeneşte bine. Amestecaţi făina de porumb şi apa până devine o pastă, adăugaţi-o în tigaie şi fierbeţi, amestecând, până când sosul se limpezeşte şi se îngroaşă. Întoarceţi mangeoutul în tigaie şi fierbeţi până se încălzeşte.

Paste din ficat de pui cu clătite

pentru 4 persoane

30 ml / 2 linguri ulei de arahide
1 ceapa tocata marunt
450 g ficat de pui, tăiat în jumătate
2 tulpini de telina, feliate
120 ml / 4 fl oz / ½ cană bulion de pui
15 ml / 1 lingură făină de porumb (amidon de porumb)
15 ml/1 lingura sos de soia
30 ml / 2 linguri de apă
clătite din aluat

Se incinge uleiul si se caleste ceapa pana se inmoaie. Adăugaţi ficaţii de pui şi prăjiţi până se colorează. Adăugaţi ţelina şi prăjiţi timp de 1 minut. Adăugaţi supa, aduceţi la fierbere, acoperiţi şi fierbeţi timp de 5 minute. Amestecaţi făina de porumb, sosul de soia şi apa până devine o pastă, adăugaţi-o în tigaie şi fierbeţi, amestecând, până când sosul se limpezeşte şi se îngroaşă. Se toarnă amestecul peste clătite cu aluat şi se serveşte.

Ficat de pui cu sos de stridii

pentru 4 persoane

45 ml / 3 linguri ulei de arahide (ulei de arahide)

1 ceapa tocata marunt

225 g / 8 oz ficat de pui, tăiați în jumătate

100 g de ciuperci, feliate

30 ml / 2 linguri sos de stridii

15 ml/1 lingura sos de soia

15 ml/1 lingura de vin de orez sau sherry uscat

120 ml / 4 fl oz / ½ cană bulion de pui

5 ml/1 lingurita de zahar

15 ml / 1 lingură făină de porumb (amidon de porumb)

45 ml / 3 linguri de apă

Se încălzește jumătate din ulei și se prăjește ceapa până se înmoaie. Adăugați ficatul de pui și prăjiți până devine maro. Se adauga ciupercile si se prajesc 2 minute. Amestecați sosul de stridii, sosul de soia, vinul sau sherry, bulionul și zahărul, turnați în tigaie și aduceți la fierbere amestecând. Se amestecă făina de porumb și apa până la o pastă, se adaugă în tigaie și se fierbe, amestecând, până când sosul este ușor și gros, iar ficatul este fraged.

Ficat de pui cu ananas

pentru 4 persoane

225 g / 8 oz ficat de pui, tăiați în jumătate
45 ml / 3 linguri ulei de arahide (ulei de arahide)
30 ml/2 linguri de sos de soia
15 ml / 1 lingură făină de porumb (amidon de porumb)
15 ml/1 lingura de zahar
15 ml/1 lingura de otet de vin
sare si piper proaspat macinat
100 g / 4 oz bucăți de ananas
60 ml / 4 linguri supa de pui

Se fierbe ficatul de pui în apă clocotită timp de 30 de secunde, apoi se scurge. Se încălzește uleiul și se prăjește ficatul de pui timp de 30 de secunde. Combinați sosul de soia, mălaiul, zahărul, oțetul de vin, sare și piper, turnați în tigaie și amestecați bine pentru a acoperi ficatul de pui. Adăugați bucățile de ananas și bulionul și căliți aproximativ 3 minute până când ficatul este fraged.

Ficat de pui dulce-acru

pentru 4 persoane

30 ml / 2 linguri ulei de arahide

450g/1lb ficat de pui, tăiați în sferturi

2 ardei verzi, tocati

4 felii de ananas din conserva, taiate bucatele

60 ml / 4 linguri supa de pui

30 ml / 2 linguri faina de porumb (amidon de porumb)

10 ml / 2 linguri de sos de soia

100 g / 4 oz / ½ cană zahăr

120 ml / 4 fl oz / ½ cană oțet de vin

120 ml / 4 fl oz / ½ cană apă

Se încălzește uleiul și se prăjește ficatul până se rumenește ușor, apoi se pune pe o farfurie caldă. Adăugați ardeii în tigaie și prăjiți timp de 3 minute. Adăugați ananasul și bulionul, aduceți la fierbere, acoperiți și fierbeți timp de 15 minute. Se amestecă celelalte ingrediente într-o pastă, se adaugă în tigaie și se fierbe, amestecând, până se îngroașă sosul. Se toarnă peste ficatul de pui și se servește.

Pui cu litchi

pentru 4 persoane

3 piept de pui

60 ml / 4 linguri faina de porumb (amidon de porumb)

45 ml / 3 linguri ulei de arahide (ulei de arahide)

5 eșalote (opaci), feliate

1 ardei rosu taiat bucatele

120 ml / 4 fl oz / ½ cană sos de roșii

120 ml / 4 fl oz / ½ cană bulion de pui

5 ml/1 lingurita de zahar

275 g / 10 oz lychees decojite

Tăiați pieptul de pui în jumătate, apoi îndepărtați oasele și pielea. Tăiați fiecare piept în 6 bucăți. Rezervați 5 ml / 1 linguriță făină de porumb și aruncați puiul în rest până când este bine acoperit. Încinge uleiul și prăjește puiul până se rumenește în aproximativ 8 minute. Adăugați ceapa primăvară și boia și prăjiți timp de 1 minut. Amestecați sosul de roșii, jumătate din bulion și zahărul, apoi amestecați cu litchiul în wok. Aduceți la fierbere, acoperiți și fierbeți timp de aproximativ 10 minute până când puiul este fraged. Se amestecă făina de porumb și bulionul rezervat, apoi se amestecă în tigaie. Se fierbe la foc mic, amestecând, până când sosul se limpezește și se îngroașă.

Pui cu sos de litchi

pentru 4 persoane

225 g / 8 oz pui

1 ceapa primavara (cepa)

4 castane de apă

30 ml / 2 linguri faina de porumb (amidon de porumb)

45 ml / 3 linguri de sos de soia

30 ml / 2 linguri vin de orez sau sherry uscat

2 albusuri

ulei pentru prajit

Cutie de 400 g / 14 oz în sirop de litchi

5 linguri supa de pui

Măcinați puiul cu ceapă primăvară și castane de apă. Amesteca jumatate din amidon de porumb, 30 ml / 2 linguri de sos de soia, vin sau sherry si albusul de ou. Formați amestecul în bile de mărimea unei nuci. Încinge uleiul și prăjește pieptul de pui până se rumenește. Scurgeți pe un prosop de hârtie.

Între timp, încălziți cu grijă siropul de litchi cu bulionul și sosul de soia. Se amestecă făina de porumb rămasă cu puțină apă, se toarnă în tigaie și se fierbe, amestecând, până când sosul se limpezește și se îngroașă. Adăugați litchiul și fierbeți la foc mic. Așezați puiul pe un platou încălzit, turnați peste litchi și sos și serviți imediat.

Pui cu mangetout

pentru 4 persoane

225 g pui, feliat subțire

5 ml / 1 lingurita faina de porumb (amidon de porumb)

5 ml / 1 linguriță vin de orez sau sherry uscat

5 ml/1 lingurita ulei de susan

1 albus de ou, batut usor

45 ml / 3 linguri ulei de arahide (ulei de arahide)

1 catel de usturoi zdrobit

1 felie radacina de ghimbir, tocata

100 g / 4 oz mazăre snap

120 ml / 4 fl oz / ½ cană bulion de pui

sare si piper proaspat macinat

Amestecați puiul cu amidon de porumb, vin sau sherry, ulei de susan și albuș de ou. Se încălzește jumătate din ulei și se prăjește usturoiul și ghimbirul până devin ușor aurii. Adăugați puiul și prăjiți până devine auriu, apoi scoateți din tigaie. Încinge uleiul rămas și prăjește în el mazărea dulce timp de 2 minute. Adăugați supa, aduceți la fierbere, acoperiți și fierbeți timp de 2 minute. Puneti puiul in tigaie si asezonati cu sare si piper. Gatiti la foc mic pana se incalzeste.

Pui cu mango

pentru 4 persoane

100 g / 4 oz / 1 cană făină universală

250 ml / 8 fl oz / 1 cană apă

2,5 ml / ½ linguriță de sare

un praf de praf de copt

3 piept de pui

ulei pentru prajit

1 felie radacina de ghimbir, tocata

150 ml / ¼ pt / ½ cană generos bulion de pui

45 ml / 3 linguri de otet de vin

45 ml / 3 linguri vin de orez sau sherry uscat

20 ml / 4 linguri de sos de soia

10 ml / 2 lingurițe de zahăr

10 ml / 2 linguri faina de porumb (amidon de porumb)

5 ml/1 lingurita ulei de susan

5 eșalote (opaci), feliate

400 g conserva de mango, scurs și tăiat fâșii

Se amestecă făina, apa, sarea și praful de copt. Lasă-l să stea 15 minute. Scoateți și aruncați pielea și oasele de pe pui. Tăiați puiul în fâșii subțiri. Amesteca-le cu amestecul de faina.

Încinge uleiul și prăjește puiul până se rumenește în aproximativ 5 minute. Scoatem din tava si scurgem pe hartie de bucatarie. Scoateți tot uleiul din wok, cu excepția a 15 ml/1 lingură de ulei și prăjiți ghimbirul până se rumenește ușor. Amestecați supa cu vin, oțet de vin sau sherry, sos de soia, zahăr, mălai și ulei de susan. Se adaugă în tigaie și se încălzește până la fierbere, amestecând. Adăugați ceapa primăvară și prăjiți timp de 3 minute. Adăugați puiul și mango și prăjiți timp de 2 minute.

Pepene galben umplut cu pui

pentru 4 persoane

350 g / 12 oz pui

6 castane de apă

2 scoici în coajă

4 felii de rădăcină de ghimbir

5 ml/1 lingurita de sare

15 ml/1 lingura sos de soia

600 ml / 1 pct / 2½ căni bulion de pui

8 pepeni mici sau 4 medii

Tăiați puiul, castanele, scoicile și ghimbirul în bucăți mici și amestecați cu sare, sosul de soia și bulionul. Tăiați vârful pepenilor și îndepărtați semințele. Ferăstrău marginile superioare. Umpleți pepenii galbeni cu amestecul de pui și puneți-i pe un grătar pentru abur. Se fierbe peste apă fierbinte timp de 40 de minute până când puiul este gătit.

Pui prajit si ciuperci

pentru 4 persoane

45 ml / 3 linguri ulei de arahide (ulei de arahide)

1 catel de usturoi zdrobit

1 ceapă primăvară (ceapă), tocată mărunt

1 felie radacina de ghimbir, tocata

225 g / 8 oz piept de pui feliat

225 g / 8 oz ciuperci

45 ml / 3 linguri de sos de soia

15 ml/1 lingura de vin de orez sau sherry uscat

5 ml / 1 lingurita faina de porumb (amidon de porumb)

Încinge uleiul și prăjește usturoiul, ceapa primăvară și ghimbirul până se rumenesc ușor. Adăugați puiul și prăjiți timp de 5 minute. Adăugați ciupercile și prăjiți timp de 3 minute. Adăugați sosul de soia, vinul sau sherry și făina de porumb și soțiți până când puiul este fraged, aproximativ 5 minute.

Pui cu ciuperci si alune

pentru 4 persoane

30 ml / 2 linguri ulei de arahide

2 catei de usturoi, tocati marunt

1 felie radacina de ghimbir, tocata

450g/1lb pui dezosat, tăiat cubulețe

225 g / 8 oz ciuperci

100 g muguri de bambus, tăiați în fâșii

1 ardei verde taiat cubulete

1 ardei roșu tăiat cubulețe

250 ml / 8 fl oz / 1 cană bulion de pui

30 ml / 2 linguri vin de orez sau sherry uscat

15 ml/1 lingura sos de soia

15 ml / 1 lingura sos Tabasco

30 ml / 2 linguri faina de porumb (amidon de porumb)

30 ml / 2 linguri de apă

Încinge uleiul, usturoiul și ghimbirul până când usturoiul se rumenește ușor. Adăugați puiul și prăjiți până se rumenește ușor. Adăugați ciupercile, lăstarul de bambus și boia și prăjiți timp de 3 minute. Adăugați bulion, vin sau sherry, sos de soia și sos Tabasco și aduceți la fierbere, amestecând. Acoperiți și fierbeți timp de aproximativ 10 minute până când puiul este fraged. Combinați făina de porumb și apa și amestecați în sos. Se fierbe, amestecand, pana ce sosul este transparent si se ingroasa, daca sosul este prea gros mai adauga putin bulion sau apa.

Pui prajit cu ciuperci

pentru 4 persoane

6 ciuperci chinezești uscate

1 piept de pui, feliat subțire

1 felie radacina de ghimbir, tocata

2 cepe primare (ceapa), tocate marunt

15 ml / 1 lingură făină de porumb (amidon de porumb)

15 ml/1 lingura de vin de orez sau sherry uscat

30 ml / 2 linguri de apă

2,5 ml / ½ linguriță de sare

45 ml / 3 linguri ulei de arahide (ulei de arahide)

225 g ciuperci, feliate

100 g / 4 oz fasole

15 ml/1 lingura sos de soia

5 ml/1 lingurita de zahar

120 ml / 4 fl oz / ½ cană bulion de pui

Înmuiați ciupercile în apă caldă timp de 30 de minute, apoi filtrați. Aruncați tulpinile și tăiați vârfurile. Pune puiul într-un castron. Se amestecă ghimbirul, ceapa primăvară, amidonul de porumb, vinul sau sherry, apa și sarea, se adaugă la pui și se lasă să stea 1 oră. Se încălzește jumătate din ulei și se prăjește puiul până se rumenește ușor, apoi se scoate din tigaie. Se încălzește uleiul rămas și se prăjesc ciupercile uscate și proaspete și mugurii de fasole timp de 3 minute. Adăugați sosul de soia, zahărul și bulionul, aduceți la fiert, acoperiți și fierbeți timp de 4 minute până când legumele sunt fragede. Reveniți puiul în tigaie, amestecați bine și reîncălziți ușor înainte de servire.

Pui la abur cu ciuperci

pentru 4 persoane

4 bucati de pui
30 ml / 2 linguri faina de porumb (amidon de porumb)
30 ml/2 linguri de sos de soia
3 ceapa primavara (ceapa), tocata marunt
2 felii de rădăcină de ghimbir, tocate
2,5 ml / ½ linguriță de sare
100 g de ciuperci, feliate

Tăiați bucățile de pui în bucăți de 5 cm și puneți-le într-o tavă rezistentă la cuptor. Amestecați făina de porumb și sosul de soia până la o pastă, adăugați ceapa, ghimbirul și sarea, apoi amestecați bine cu puiul. Se amestecă cu grijă ciupercile. Așezați vasul pe grătarul pentru abur, acoperiți și fierbeți peste apă clocotită timp de aproximativ 35 de minute, până când puiul este fraged.

Pui cu ceapa

pentru 4 persoane

60 ml / 4 linguri ulei de arahide
2 cepe tocate marunt
450g/1lb pui, feliat
30 ml / 2 linguri vin de orez sau sherry uscat
250 ml / 8 fl oz / 1 cană bulion de pui
45 ml / 3 linguri de sos de soia
30 ml / 2 linguri faina de porumb (amidon de porumb)
45 ml / 3 linguri de apă

Se incinge uleiul si se caleste usor ceapa. Adăugați puiul și prăjiți până se rumenește ușor. Adăugați vinul sau sherry, bulionul și sosul de soia, aduceți la fierbere, acoperiți și fierbeți timp de 25 de minute până când puiul este fraged. Amestecați făina de porumb și apa până devine o pastă, adăugați-o în tigaie și fierbeți, amestecând, până când sosul se limpezește și se îngroașă.

Pui cu portocale si lamaie

pentru 4 persoane

350 g pui tăiat fâșii
30 ml / 2 linguri ulei de arahide
2 catei de usturoi, tocati marunt
2 felii de rădăcină de ghimbir, tocate
Coaja rasa de ½ portocala
Coaja rasă de ½ lămâie
45 ml / 3 linguri suc de portocale
45 ml / 3 linguri suc de lamaie
15 ml/1 lingura sos de soia
3 ceapa primavara (ceapa), tocata marunt
15 ml / 1 lingură făină de porumb (amidon de porumb)
45 ml/1 lingura de apa

Se fierbe puiul în apă clocotită timp de 30 de secunde, apoi se scurge. Încinge uleiul și prăjește usturoiul și ghimbirul timp de 30 de secunde. Se adaugă coaja și sucul de portocală și lămâie, sosul de soia și ceapa și se prăjesc timp de 2 minute. Adăugați puiul și fierbeți câteva minute până când puiul este fraged. Amestecați făina de porumb și apa până devine o pastă.

adăugați-o în tigaie și fierbeți, amestecând, până se îngroașă sosul.

Pui cu sos de stridii

pentru 4 persoane

30 ml / 2 linguri ulei de arahide
1 catel de usturoi zdrobit
1 felie de ghimbir, tocata fin
450g/1lb pui, feliat
250 ml / 8 fl oz / 1 cană bulion de pui
30 ml / 2 linguri sos de stridii
15 ml / 1 lingura de vin de orez sau sherry
5 ml/1 lingurita de zahar

Se incinge uleiul cu usturoiul si ghimbirul si se prajesc pana se rumenesc usor. Adăugați puiul și gătiți până se rumenește ușor, aproximativ 3 minute. Adăugați bulion, sos de stridii, vin sau sherry și zahăr, aduceți la fierbere, amestecând, apoi acoperiți și fierbeți, amestecând ocazional, până când puiul este gătit, aproximativ 15 minute. Scoateți capacul și continuați să gătiți, amestecând, până când sosul s-a redus și s-a îngroșat, aproximativ 4 minute.

pachete cu pui

pentru 4 persoane

225 g / 8 oz pui

30 ml / 2 linguri vin de orez sau sherry uscat

30 ml/2 linguri de sos de soia

hârtie ceară sau hârtie de pergament

30 ml / 2 linguri ulei de arahide

ulei pentru prajit

Tăiați puiul în cuburi de 5/2 cm, amestecați vinul sau sherry și sosul de soia, turnați peste pui și amestecați bine. Acoperiți și lăsați să stea 1 oră, amestecând din când în când. Taiati hartia in patrate de 10 cm si ungeti cu ulei. Scurge bine puiul. Așezați o foaie de hârtie pe suprafața de lucru cu un colț îndreptat spre dvs. Așezați bucata de pui în centrul pătratului, îndoiți colțul de jos și pliați din nou pentru a închide puiul. Îndoiți părțile laterale, apoi pliați colțul de sus pentru a fixa pachetul. Încinge uleiul și prăjește pachetele de pui timp de aproximativ 5 minute până se înmoaie. Serviți fierbinte pentru ca oaspeții să le desfacă.

Pui cu alune

pentru 4 persoane

225 g pui, feliat subțire

1 albus de ou, batut usor

10 ml / 2 linguri faina de porumb (amidon de porumb)

45 ml / 3 linguri ulei de arahide (ulei de arahide)

1 catel de usturoi zdrobit

1 felie radacina de ghimbir, tocata

2 praz, tocat mărunt

30 ml/2 linguri de sos de soia

15 ml/1 lingura de vin de orez sau sherry uscat

100 g / 4 oz arahide prăjite

Se amestecă puiul cu albuș de ou și amidon de porumb până se îmbracă bine. Se încălzește jumătate din ulei și se prăjește puiul până se rumenește, apoi se scoate din tigaie. Încinge uleiul rămas și prăjește usturoiul și ghimbirul până se înmoaie. Adăugați prazul și prăjiți până se rumenește ușor. Adăugați sos de soia și vin sau sherry și fierbeți timp de 3 minute. Întoarceți puiul în tigaia cu alune și fierbeți până se încălzește.

Pui cu unt de arahide

pentru 4 persoane

4 piepti de pui taiati bucatele mici
sare si piper proaspat macinat
5 ml / 1 linguriță pudră cu cinci condimente
45 ml / 3 linguri ulei de arahide (ulei de arahide)
1 ceapa taiata cubulete
2 morcovi, tocați mărunt
1 baton de telina, tocata
300 ml / ½ pt / 1¼ cani supa de pui
10 ml / 2 linguri pasta de tomate (paste)
100 g / 4 oz unt de arahide
15 ml/1 lingura sos de soia
10 ml / 2 linguri faina de porumb (amidon de porumb)
un praf de zahar brun
15 ml / 1 lingura arpagic tocat

Asezonați puiul cu sare, piper și praf de cinci condimente. Încinge uleiul și prăjește puiul până se înmoaie. Scoateți din tigaie. Adăugați legumele și prăjiți până când sunt moale, dar încă crocante. Se amestecă bulionul cu celelalte ingrediente, cu excepția arpagicul, se amestecă în tigaie și se aduce la fierbere.

Adăugați puiul în tigaie și amestecați din nou. Se serveste presarata cu zahar.

Pui cu mazăre

pentru 4 persoane

60 ml / 4 linguri ulei de arahide
1 ceapa tocata marunt
450 g/1 lb pui tăiat cubulețe
sare si piper proaspat macinat
100 g / 4 oz mazăre
2 tulpini de telina, tocate
100 g de ciuperci tocate mărunt
250 ml / 8 fl oz / 1 cană bulion de pui
15 ml / 1 lingură făină de porumb (amidon de porumb)
15 ml/1 lingura sos de soia
60 ml / 4 linguri de apă

Se incinge uleiul si se caleste usor ceapa. Se adauga puiul si se prajeste pana se rumeneste. Se condimentează cu sare și piper, se adaugă mazărea, țelina și ciupercile și se amestecă bine. Adăugați supa, aduceți la fierbere, acoperiți și fierbeți timp de 15 minute. Amestecați făina de porumb, sosul de soia și apa până devine o pastă, adăugați-o în tigaie și fierbeți, amestecând, până când sosul se limpezește și se îngroașă.

pui la Peking

pentru 4 persoane

4 portii de pui

sare si piper proaspat macinat

5 ml/1 lingurita de zahar

1 ceapă primăvară (ceapă), tocată mărunt

1 felie radacina de ghimbir, tocata

15 ml/1 lingura sos de soia

15 ml/1 lingura de vin de orez sau sherry uscat

15 ml / 1 lingură făină de porumb (amidon de porumb)

ulei pentru prajit

Puneți bucățile de pui într-un castron puțin adânc și stropiți cu sare și piper. Se amestecă zahărul, șalota, ghimbirul, sosul de soia și vinul sau sherry, se aplică pe pui, se acopera și se lasă la marinat timp de 3 ore. Scurgeți puiul și stropiți cu mălai. Se încălzește uleiul și se prăjește pieptul de pui până devine auriu și bine. Scurgeți bine înainte de servire.

Pui cu boia

pentru 4 persoane

60 ml/4 linguri de sos de soia

45 ml / 3 linguri vin de orez sau sherry uscat

45 ml / 3 linguri faina de porumb (amidon de porumb)

450 g / 1 lb pui, tocat (măcinat)

60 ml / 4 linguri ulei de arahide

2,5 ml / ½ linguriță de sare

2 catei de usturoi, tocati marunt

2 ardei rosii taiati cubulete

1 ardei verde taiat cubulete

5 ml/1 lingurita de zahar

300 ml / ½ pt / 1 ¼ cani supa de pui

Amestecați sos de soia, jumătate de vin sau sherry și jumătate de amidon de porumb. Se toarnă peste pui, se amestecă bine și se lasă la marinat cel puțin 1 oră. Încinge jumătate din ulei cu sare și usturoi până când usturoiul devine ușor auriu. Se adauga puiul si marinata si cca. Se prăjește timp de 4 minute până când puiul devine alb, apoi se scoate din tigaie. Turnați uleiul rămas în tigaie și prăjiți ardeii timp de 2 minute. Adăugați zahărul în tigaie cu restul de sos de soia, vin sau sherry și mălaiul și amestecați bine. Se adauga supa, se aduce la fierbere si se fierbe, amestecand, pana se ingroasa sosul. Reveniți puiul în tigaie, acoperiți și fierbeți timp de 4 minute, până când puiul este fraged.

Pui prajit cu ardei

pentru 4 persoane

1 piept de pui, feliat subțire
2 felii de rădăcină de ghimbir, tocate
2 cepe primare (ceapa), tocate marunt
15 ml / 1 lingură făină de porumb (amidon de porumb)
30 ml / 2 linguri vin de orez sau sherry uscat
30 ml / 2 linguri de apă
2,5 ml / ½ linguriță de sare
45 ml / 3 linguri ulei de arahide (ulei de arahide)
100 g / 4 oz castane de apă, feliate
1 ardei rosu taiat fasii
1 ardei verde taiat fasii
1 ardei gras galben taiat fasii
30 ml/2 linguri de sos de soia
120 ml / 4 fl oz / ½ cană bulion de pui

Pune puiul într-un castron. Se amestecă ghimbirul, ceapa primăvară, amidonul de porumb, vinul sau sherry, apa și sarea, se adaugă la pui și se lasă să stea 1 oră. Se încălzește jumătate din ulei și se prăjește puiul până se rumenește ușor, apoi se scoate din tigaie. Încinge uleiul rămas și prăjește castane de apă și boia de ardei timp de 2 minute. Adăugați sosul de soia și bulionul, aduceți la fiert, acoperiți și fierbeți timp de 5 minute până când legumele sunt fragede. Reveniți puiul în tigaie, amestecați bine și reîncălziți ușor înainte de servire.

www.ingramcontent.com/pod-product-compliance
Lightning Source LLC
Chambersburg PA
CBHW050158130526
44591CB00034B/1367